KARTOFFELN

KARTOFFELN

Text: Sebastian Dickhaut
Fotos: Wolfgang Schardt

K

INHALT

6 VORWORT

DIE REZEPTE

10 Suppenglück
Wenn Kartoffeln sich in einem Topf treffen, kommt meist etwas Gutes heraus: Samtige Cremesuppen, ein üppiger Eintopf, ein kühlendes Süppchen aus Frankreich oder deftiges Burgenländer Kartoffelgulasch: Magenschmeichler zum Löffeln und Lieben!

36 Pures, Püree und mehr
Schlicht, einfach und gut: Für die besten Kartoffelgerichte braucht es nicht viel – oder nur ein wenig dazu: ein paar schöne Dips zur Pellkartoffel, knusprige Röstzwiebeln zu Brei, Gnocchi mit Salbeibutter oder vielleicht nur ein bisschen Soß zum Kloß.

60 Bratkartoffelverhältnisse
Hier brodelt und zischt es nur so in Pfanne und Fritteuse, wenn die Leidenschaft für klassische Bratkartoffeln, Fish 'n' Chips oder Gröstl mit Koriander-Gremolata neu entflammt. Oder lassen Sie sich mit Karamellkartoffeln mit Früchten zu süßen Sünden verführen ...

84 Gerieben und geschupft
Hier wird richtig gearbeitet: Geraspelt, gehobelt, geknetet und gerollt. Dabei läuft die gute alte Knolle zur Hochform auf – in Puffern mit Lachstatar, Kroketten, Rösti mit Geschnetzeltem, deftigen Sauerkraut-Schupfnudeln oder süßen Mohnnudeln.

108 Ofenfreuden
Nicht nur an Wintertagen wärmen Kartoffeln wohlig von innen. Die besten für Magen und Seele kommen aus dem Ofen: Gratin und Ofenkartoffel, deftige Schusterpfanne oder Schwedischer Heringsauflauf, Kartoffelpizza sowie süßer Auflauf.

132 Gekühlt und gemischt
Ein üppiger Kartoffelsalat macht sich auf jedem Büfett gut. Aber auch mit anderen feinen kalten Kartoffelgerichten lässt sich bei der nächsten Party sicher punkten, wie z. B. Kartoffel-Frittata, Sülze mit Kartoffeln und Tafelspitz oder scharfer Kartoffelbutter.

155 REZEPTREGISTER
160 IMPRESSUM

Tolle Knolle für wahren Genuss

Als die Kartoffel einst aus den hohen Anden zu uns kam, wollte man sie erst nur ins Blumenbeet setzen. Heute ist sie eines der beliebtesten und vielseitigsten Lebensmittel in unserer Küche – das trotzdem seine Eigenheiten behalten hat. Und genau dafür wird die Kartoffel derzeit wiederentdeckt und geschätzt.

Über kaum ein Lebensmittel lassen sich so schöne Geschichten erzählen wie über die Kartoffel. Zum Beispiel die, dass wir uns ohne die Entdeckung ihres Ursprungslands Amerika immer noch von Korn und Rüben ernähren würden. Aber auch nach der Immigration der Wunderknolle von den Anden nach Europa dauerte es noch Jahrzehnte, bis man ihre Bedeutung erkannte. Fürs Erste hielt man sie lieber als Zierpflanze in Klöstern- und Schlossgärten – weil man sich an den grünen „Beeren“, die über der Erde den hübschen Blüten folgen, schnell den Magen verderben kann. Friedrich der Große sah aber den wahren Wert der Kartoffel in ihren Wurzeln und hob diesen Schatz im großen Stil: Wo nur ein leerer Platz zu finden sei, solle die Kartoffel angebaut werden, befahl er seinen Preußen. Denn er vermutete in der so gesunden wie nahrhaften Knolle das künftige Grundnahrungsmittel fürs Volk, das – anders als Getreide – auch Dürren und Unwetter im Schutz der Erde übersteht.
Inzwischen ist die Geschichte der Kartoffel längst eine Erfolgsstory. Die Iren – bis heute die Kartoffelesser Nummer eins in Europa – hat sie vor dem Verhungern bewahrt; für Franzosen hat sie einst der erste Starkoch Auguste Escoffier geadelt, der mehr als 50 Kartoffelrezepturen in seinem „Kochkunstführer“ versammelt hat, dem Alten Testament der Haute Cuisine. Und die USA haben die Kartoffeln mit ihren Fast-Food-Ketten in Frittenform der ganzen Welt geschenkt. Keine Imbissbude, kein Wirtshaus und keine Sterneküche kommt heute ohne die Kartoffel aus, und das mit gutem Grund. Denn kaum ein Lebensmittel ist so vielseitig und wandelbar wie sie: Arber, Ärpel, Bodabira, Bramburi, Erdäpfel, Erdtrüffel, Flezbirn, Gromper, Grüblinge, Grumbeeren, Krumpan, Pantoffel, Roffel, Rüften, Tartuffel oder Tüfte – um nur ein paar der Namen zu nennen, die man der Kartoffel allein im deutschen Sprachraum verliehen hat.

Tausendsassa in der Küche

Die simpelste Art, eine Kartoffel zu genießen, ist, sie einfach in der Schale zu garen – in Salzwasser, im Backofen oder auch direkt im Lagerfeuer. Ein gutes Stück Butter und eine Prise Salz dazu, fertig ist eine der pursten Delikatessen unserer Küche. Oder sie wird geschält und in Scheiben, Würfel, Streifen oder Viertel geschnitten, um daraus Bratkartoffeln, Gratin, Salat oder Pommes frites zu machen. Im Suppentopf sorgt

im Laufe der Jahrhunderte verfeinert oder auch neu erfunden, und inzwischen begegnen wir bei uns immer öfter diesen exotischen Neuzugängen. Ganz vorn im Trend liegen dabei blaue und violette Kartoffeln, die anders als Möhren oder violetter Brokkoli ihre Farbe auch beim Kochen behalten – vor allem wenn sie in der Schale gegart werden. Geschält färben sie das Kochwasser stark ein, was bei einem Eintopf eher merkwürdig aussieht – daher blaue Sorten extra kochen.

sie am Stück für Gehalt, und durchgepresst für Bindung. Und ganz neue Verbindungen entstehen, wenn sich Kartoffelmasse in Knödel, Püree oder auch eine Pizza verwandelt. Die Basis ist aber stets die gleiche: Solanum tuberosum, wie Wissenschaftler das Nachtschattengewächs aus den Anden nennen.
Seit bewusste Verbraucher und Genießer immer mehr auf Regionaliät, vollen Geschmack und Ursprünglichkeit setzen, hat die Kartoffel eine Renaissance erlebt. So entdeckt man aromatische alte Sorten wieder. Bei den ohnehin besonders intensiv schmeckenden Festkochenden (mehr dazu auf der nächsten Seite) haben es einige davon bereits zum Status der neuen alten Klassiker gebracht: Die Bamberger Hörnchen etwa oder die französische La Ratte, die inzwischen als die Gourmetkartoffel gilt. Beide Sorten machen wegen ihrer urigen Form beim Pellen etwas Arbeit, aber der Geschmack macht das mehr als wett. Apropos urig: Wer einmal in Mittel- und Südamerika die direkten Abkömmlinge der Urkartoffeln kennengelernt hat, wird sowohl deren Intensität als auch deren Aussehen nicht mehr vergessen. Dort kann man Knollen in den originellsten Formen und fast allen Farben entdecken. Züchter auf der ganzen Welt haben diese Einzelstücke

Solanin: Stopp bei Grün

Eine Farbe sollten Kartoffeln aber nie haben: Grün (siehe Foto). Denn sie steht für einen hohen Gehalt an Solanin. Dieses Alkaloid steckt zwar in kleiner Menge in jeder Knolle; doch wenn sie bei ihrem Weg aus der Erde in den Kochtopf zu viel Licht bekommen hat, kann sich der Anteil so weit erhöhen, dass man sich davon den Magen verdirbt – so wie es bei den grünen oberirdischen „Beeren“ der Kartoffelpflanze passieren kann. Zwar mindert Kochen den Solaningehalt, der erst bei einer sehr großen Kartoffelmenge in Grün Erwachsenen schadet – trotzdem wird empfohlen, selbst nur zum Teil grüne Knollen komplett wegzuwerfen. Ganz besonders, wenn für Kinder gekocht wird. Ist nur die Schale grün und nach dem Schälen alles gelb, ist alles gut, und man kann die Kartoffeln verwenden.

Eine Sammlung für Fans

Spätestens jetzt ist klar – die Kartoffel ist ein „echtes“ Lebensmittel und damit anders als Nudeln und Reis ein wirklich frisches Produkt, das seinen eigenen Charakter und gerade deswegen so viele Fans hat. Und die schwärmen für beides: klassische Grundrezepte und neue Lieblingsrezepte, unterteilt nach Zubereitungsarten, ergänzt durch viele Tipps und Wissenswertes rund um die tolle Knolle.

Die Kochtypen

Vor Sorte, Saison oder Reife steht beim Einkauf von Kartoffeln die Frage: Was will ich kochen? Denn wegen ihres unterschiedlichen Stärkegehalts eignen sich je nach Gericht ganz bestimmte Knollen für die Zubereitung. Grob lassen sie sich in drei verschiedene Kochtypen einteilen, die im Laden wie auf dem Markt immer angegeben werden.

Festkochende Sorten sind eher länglich und kochen „speckig", haben also nach dem Garen noch eine relativ feste, aber saftige Konsistenz. Das ist ideal für Bratkartoffeln und Kartoffelsalate, aber nicht geeignet für alles, was Bindung braucht wie Püree oder Knödel. Klassische festkochende Sorten sind Gourmetkartoffeln wie Bamberger Hörnchen oder La Ratte, aber auch Sieglinde und Moorsieglinde sowie Princess und auch viele Exoten wie Trüffelkartoffel, Blauer Schwede oder Pink Fir Apple.

Mehligkochende Sorten sind besonders gut für alles, was Bindung braucht: Pürees, Knödel, sämige Suppen, Kroketten, Gnocchi. Aber auch alle Ofenkartoffel-Fans schwärmen für ihre lockere, duftige Struktur. Vor allem späte Sorten, die manchmal noch zur vollen Entfaltung nachreifen müssen, können mehligkochend sein: Adretta und Augusta sowie Freya, Likaria oder Quarta gehören zu ihnen.

Vorwiegend festkochende Sorten sind die Allrounder unter den Kartoffeln und damit am populärsten. Sie kochen relativ fest, sind aber trotzdem locker, ohne zu mehlig zu schmecken. Klingt perfekt für alles, am besten sind sie aber für Pell- und Salzkartoffeln, Aufläufe, Puffer oder Eintöpfe. Der Preis für ihre Beliebtheit ist, dass sie manchmal etwas beliebig schmecken können. Typische vorwiegend festkochende Sorten sind Agria und Laura (im Foto Mitte oben), weitere Sorten sind Christa, Desiree, Gala, Linda oder Rosara und noch viele andere mehr.

Die Saison

Kartoffeln bekommt man das ganze Jahr, aber das sind nicht immer die gleichen Sorten – und je nach Saison können Geschmack und Kocheigenschaften unterschiedlich sein. Die folgende Einteilung gilt für Knollen aus dem einheimischen Anbau:
Neue Kartoffeln reifen im Frühjahr 80 bis 100 Tage und werden bei uns ab Mai bis in den August geerntet. Sie haben ein feines, typisches Kartoffelaroma und werden meist samt der dünnen Schale gegart und gegessen – klassisch zum ersten Spargel. Meist sind sie vorwiegend festkochend, manchmal aber auch festkochend. Sie halten nur wenige Wochen, daher möglichst frisch kaufen und verarbeiten.
Mittelfrühe Ernten gibt es ab Mitte August, wenn bei uns die klassische Kartoffelsaison beginnt. Sie sind kräftiger im Geschmack und lassen sich zwei bis vier Monate lagern, es gibt sie in allen Kochtypen.
Mittelspäte und späte Ernten werden im September, Oktober eingefahren und meist für den Winter eingelagert, wobei sie oft noch zur Bestform reifen. Dank ihres dann ausgeprägten Geschmacks findet man sie wieder öfter im Laden.

Einkauf und Lagerung

Kartoffeln werden am besten in Papiersäcken gekauft, in denen sie nicht schwitzen und nicht zu viel Licht abbekommen, sonst steigt der Solaningehalt (siehe vorige Seite). Daher sollte man sie zu Hause auch dunkel, dazu trocken, luftig und beständig kühl lagern. Im Kühlschrank ist es ihnen zu kalt, da können sie schnell süßlich schmecken (was sich aber durch einige Tage in der warmen Küche wieder verflüchtigt). Bei acht bis zehn Grad im nicht zu feuchten und gut durchlüfteten Keller halten die Knollen Monate. Für den Hausgebrauch reicht es auch, sie in einem gut belüfteten Schrank möglichst weit unten in einem Korb oder Sieb aufzubewahren – so bleiben sie zwei bis vier Wochen frisch. Hängt noch Erde an den Knollen, konserviert sie das. Deshalb besser keine gewaschenen Kartoffeln kaufen und sie erst vor dem Garen waschen.

BAMBERGER HÖRNCHEN
AGRIA
PINK FIR APPLE
LAURA
LA RATTE
TRÜFFELKARTOFFEL
MOOR SIEGLINDE
AUGUSTA
PRINCESS
ADRETTA
BLAUER SCHWEDE

Warme Heiße
Suppe
ab
1 2 Uhr
vor

Suppenglück

Klassischer Kartoffeleintopf

ZUM AUFTAKT EIN TELLER KARTOFFEL-TRADITION – DER DEUTSCHEN LIEBSTER EINTOPF, GEWÜRZT MIT LORBEER UND KÜMMEL. EIN TEIL DER KNOLLEN WIRD GESTAMPFT, SODASS DIE SUPPE SCHÖN SÄMIG IST, ABER IMMER NOCH STÜCKIG GENUG, UM EIN RICHTIGER EINTOPF ZU SEIN.

Für 4–6 Personen:
1 Bund Schnittlauch
1 EL mittelscharfer Senf
4 EL weiche Butter
Salz | Pfeffer
2 Bund Suppengemüse
1 kg vorwiegend festkochende Kartoffeln
2 EL Öl
½ TL Kümmelkörner
1,5 l Rinderbrühe
1 Lorbeerblatt
frisch geriebene Muskatnuss
4 Paar feine Brühwürstchen (z. B. Echte Frankfurter)
Zubereitung: ca. 1 Std.
Pro Portion (bei 6 Portionen): ca. 435 kcal, 11 g EW, 25 g F, 37 g KH

1 Den Schnittlauch waschen, trocken schütteln und in Röllchen schneiden. Mit dem Senf und der Butter verrühren, leicht salzen und pfeffern und kühl stellen.

2 Suppengemüse waschen und putzen bzw. schälen. Das Wurzelgemüse in ca. 1 cm große Würfel schneiden, den Lauch in 1 cm dicke Ringe schneiden. Die Kartoffeln schälen und ebenfalls in ca. 1 cm große Würfel schneiden.

3 Öl in einem Suppentopf erhitzen. Suppengemüse und Kümmel darin 5 Min. bei mittlerer Hitze offen andünsten, Brühe, Lorbeerblatt und die Kartoffeln dazugeben und in 15 Min. fast weich kochen. Das Lorbeerblatt entfernen, die Hälfte der Suppe abnehmen und mit einem Stampfer grob zerkleinern. Die Masse zurück in den Topf geben und alles mit Salz, Pfeffer und Muskat würzen.

4 Die Suppe aufkochen und vom Herd nehmen, die Würstchen hineingeben und zugedeckt 5 Min. ziehen lassen. Die Suppe mit den Würstchen in tiefe Teller verteilen und jeweils 1 EL Senfbutter daraufgeben.

Tipp **Statt Würstchen ist auch Speck eine beliebte Einlage im Kartoffeleintopf. Garen Sie 200 g durchwachsenen Räucherspeck am Stück mit den Kartoffeln in der Brühe. Anschließend den Speck aus der Suppe nehmen, würfeln und zum Schluss wieder in die Suppe geben. Speckliebhaber können zusätzlich 100 g der Speckwürfel auslassen und über den fertigen Eintopf verteilen.**

Sommereintopf

SONNIG STATT DEFTIG

Für 4 Personen:
1 Gurke (ca. 200 g)
1 Bund Radieschen mit Grün
250 g Kirschtomaten
600 g kleine neue Kartoffeln (oder andere vorwiegend festkochende Kartoffeln mit dünner Schale)
1 TL Fenchelsamen | Salz
1 l Gemüsebrühe | 1 Bund Dill
1 Stück frischer Meerrettich (ca. 2 cm, ersatzweise 1 TL Meerrettich aus dem Glas)
200 g Dickmilch
1 TL frisch gepresster Zitronensaft
schwarzer Pfeffer
Zubereitung: ca. 25 Min.
Kochen: ca. 15 Min.
Pro Portion: ca. 130 kcal, 6 g EW, 0 g F, 23 g KH

1 Gurke schälen, längs vierteln und in 1 cm dicke Stücke schneiden. Radieschen samt Grün waschen. Die Blätter abzupfen und beiseitelegen, die Radieschen vierteln. Tomaten waschen und halbieren. Die Kartoffeln gründlich waschen und vierteln.

2 Die vorbereiteten Gemüse, Fenchel und 1 TL Salz in einen Topf geben und so viel Brühe zugießen, dass alles bedeckt ist. Bei starker Hitze aufkochen und bei mittlerer Hitze in 10–15 Min. offen bissfest garen.

3 Inzwischen Dill waschen und trocken schütteln. Die Spitzen mit der Hälfte der Radieschenblätter fein hacken. Meerrettich schälen, fein reiben und mit Dickmilch und den gehackten Kräutern mischen. Mit Salz, Zitronensaft und Pfeffer abschmecken.

4 Die übrigen Radieschenblätter in den Eintopf rühren. Eintopf auf Schalen verteilen und jeweils einen Klacks Kräuterdip daraufgeben.

Wintereintopf

WÄRMT HERZ UND MAGEN

Für 4 Personen:
1 Bio-Orange
5 Zweige Majoran (oder 1 TL getrockneter)
1 TL Wacholderbeeren
1 Stück Zimtstange (3 cm)
1 l Hühnerbrühe
400 g durchwachsener Räucherspeck am Stück
1 kleine Steckrübe (ca. 400 g)
1 Stange Lauch
600 g mehligkochende Kartoffeln
Salz | Pfeffer
Zubereitung: ca. 20 Min.
Kochen: ca. 40 Min.
Pro Portion: ca. 765 kcal, 14 g EW, 66 g F, 29 g KH

1 Orange heiß waschen und die Hälfte der Schale mit dem Sparschäler dünn abschälen, den Saft auspressen. Majoran waschen, trocken schütteln, Blättchen abzupfen. Wacholderbeeren leicht andrücken.

2 Orangenschale, Majoran und Wacholder mit dem Zimt in der Brühe aufkochen. Den Speck dazugeben und 20 Min. offen bei kleiner Hitze köcheln lassen.

3 Inzwischen die Steckrübe schälen, vierteln und quer in 1 cm dicke Scheiben schneiden. Den Lauch längs halbieren, waschen, putzen und das Weiße und Hellgrüne quer in 2 cm dicke Stücke schneiden. Die Kartoffeln schälen, längs halbieren und quer in 1 cm dicke Scheiben schneiden.

4 Den Speck aus dem Sud nehmen, Majoran, Zimt und Orangenschale entfernen. Steckrübe, Lauch und Kartoffeln in den Sud geben, salzen, pfeffern und aufkochen. In ca. 20 Min. bei mittlerer Hitze offen nicht zu weich garen. Den Speck in Würfel schneiden, mit Orangensaft in den Eintopf einrühren und servieren.

SOMMEREINTOPF

WINTEREINTOPF

Lucky-Potatoe-Soup

EINE KARTOFFEL-VERSION DER BEGLÜCKENDEN CHINESISCHEN NUDELSUPPE

Für 4–6 Personen:
1 rohes Brathähnchen (ca. 1,2 kg)
3 Knoblauchzehen
1 Stück frischer Ingwer (walnussgroß)
4 Frühlingszwiebeln
150 ml Sojasauce
250 ml Reiswein (Asienladen; ersatzweise weißer Traubensaft)
50 g Zucker
500 g vorwiegend festkochende Kartoffeln
Salz
100 g Mungbohnensprossen
1 Bund Schnittlauch
½ TL frisch gepresster Zitronensaft
Zubereitung: ca. 30 Min.
Kochen: ca. 1 Std.
Kühlen: ca. 2 Std.
Pro Portion (bei 6 Portionen):
ca. 450 kcal, 35 g EW, 15 g F, 31 g KH

1 Von dem Hähnchen das Fett rund um die Bauchhöhle entfernen, das Brathähnchen innen und außen kalt abspülen und trocken tupfen. Knoblauch und Ingwer schälen und in dünne Scheiben schneiden. Die Frühlingszwiebeln waschen und putzen, den dunkelgrünen Teil wegschneiden und nur das Weiße und Hellgrüne verwenden.

2 Einen Suppentopf, in den das Huhn gerade eben hineinpasst, auf den Herd stellen. 1,5 l Wasser, Sojasauce und Reiswein hineingießen, Ingwer, Knoblauch, Frühlingszwiebeln sowie den Zucker zugeben und 20 Min. bei milder Hitze zugedeckt köcheln lassen. Das Huhn mit der Brust nach oben in den Topf setzen und offen weitere 20 Min. sanft köcheln lassen. Das Huhn wenden und 5 Min. weiterköcheln lassen. Den Topf abdecken, vom Herd nehmen und 2 Std. abkühlen lassen.

3 Inzwischen die Kartoffeln schälen und der Länge nach erst in 5 mm dicke Scheiben und dann in 5 mm breite Streifen schneiden. 1 l Salzwasser aufkochen und die Kartoffelstreifen darin in ca. 10 Min. bissfest garen. Vorsichtig in ein Sieb abgießen und abkühlen lassen. Die Sprossen kalt abbrausen und abtropfen lassen. Den Schnittlauch waschen, trocken schütteln und in 2 cm lange Röllchen schneiden.

4 Das abgekühlte Huhn zerteilen und die Haut abziehen. Das Fleisch von den Knochen lösen und würfeln. Die Brühe durch ein feines Sieb in einen Topf gießen und mit dem Fleisch und den Kartoffeln erhitzen. Sprossen, Schnittlauch und Zitronensaft zugeben und servieren.

Vietnamesische Kartoffelsuppe

ASIATISCH OHNE REIS UND NUDEL

Für 4 Personen:
12 Tiefseegarnelen (ca. 500 g)
2 Stangen Zitronengras
1 Stück frischer Ingwer (walnussgroß)
2 rote Chilischoten | 1 rote Zwiebel
5 EL Fischsauce (Asienladen)
1 l Hühnerbrühe
250 g Pak Choi (asiatischer Kohl)
500 g vorwiegend festkochende Kartoffeln
1 EL Speisestärke | 2 EL Reis- oder Sherryessig
Zubereitung: ca. 45 Min.
Kochen: ca. 30 Min.
Pro Portion: ca. 175 kcal, 18 g EW, 2 g F, 22 g KH

1 Von den Garnelen die Köpfe abdrehen und Schalen vom Schwanzfleisch lösen, beides in einem Sieb abspülen. Garnelenschwänze am Rücken einschneiden und den dunklen Darm entfernen.

2 Zitronengras waschen und flach drücken. Ingwer schälen und in Scheiben schneiden. Die Chilischoten putzen, waschen, halbieren und die Kerne entfernen. Zwiebel schälen, halbieren und in Streifen schneiden.

3 Garnelenschalen, -köpfe, Zitronengras, Ingwer, Chili, Zwiebel, Fischsauce und die Brühe 15 Min. bei kleiner Hitze offen kochen. Inzwischen den Pak Choi putzen, samt Strunk vierteln und waschen. Kartoffeln schälen, vierteln und in 1 cm dicke Stücke schneiden.

4 Garnelensud durch ein feines Sieb in einen Topf gießen. Kartoffeln darin in 12–15 Min. bei mittlerer Hitze zugedeckt garen. Stärke mit Essig verrühren, mit dem Pak Choi in die Suppe rühren, aufkochen, vom Herd nehmen und die Garnelen darin 5 Min. ziehen lassen. In Schalen servieren.

Easy-Potatoe-Curry

NICHT ECHT INDISCH, ABER ECHT EINFACH

Für 4 Personen:
300 g Möhren
2 Zwiebeln
100 g Zuckerschoten
600 g vorwiegend festkochende Kartoffeln
2 EL Öl
2 EL Butter
1 EL Currypulver
½ TL brauner Zucker
Salz
1 Bund Basilikum
1 Becher Joghurt (150 g)
Zubereitung: ca. 20 Min.
Kochen: ca. 25 Min.
Pro Portion: ca. 230 kcal, 5 g EW, 12 g F, 25 g KH

1 Möhren schälen und in 5 mm dicke Scheiben schneiden. Zwiebeln schälen, vierteln und in Streifen schneiden. Zuckerschoten in einem Sieb abspülen. Kartoffeln schälen und 1 cm groß würfeln.

2 Öl und Butter in einem weiten Topf erhitzen und die Zwiebeln darin zugedeckt in 5 Min. bei kleiner Hitze glasig dünsten. Möhren, Kartoffeln, Curry, Zucker und 1 kräftige Prise Salz dazugeben und 1 Min. mitdünsten. 2 EL Wasser zugießen und alles zugedeckt 10 Min. dünsten, dabei ab und zu umrühren und falls nötig noch etwas Wasser zugießen. Dann die Zuckerschoten dazugeben, weitere 5 Min. dünsten.

3 Basilikum waschen und trocken schütteln. Die Blättchen abzupfen und zum Schluss unter das Curry rühren. Den Joghurt in einem Schälchen verrühren und extra zum Curry servieren.

LINKS: VIETNAMESISCHE KARTOFFELSUPPE | RECHTS: EASY-POTATOE-CURRY

Kartoffel-Consommé mit Kaviar

FEINE SUPPE FÜR FORTGESCHRITTENE

Für 4 Personen:
1 kleine Schalotte
1 Lorbeerblatt
1 Nelke
¼ Bio-Zitrone
500 g festkochende Kartoffeln
800 ml Fischfond (aus dem Glas)
200 ml trockener Weißwein (ersatzweise Fischfond aus dem Glas)
Salz
300 g weißes Fischfilet (z. B. Rotbarsch, Kabeljau)
2 Bund Schnittlauch
2 Eiweiß
2 EL Öl
4 kleine Baguettescheiben
4 TL Forellenkaviar
Zubereitung: ca. 1 Std. 30 Min.
Pro Portion: ca. 345 kcal, 24 g EW, 12 g F, 27 g KH

1 Schalotte schälen und halbieren, Lorbeerblatt mit der Nelke auf einer Schalottenhälfte feststecken. Zitrone heiß abwaschen, die Schale dünn abschälen, den Saft auspressen. 300 g Kartoffeln schälen und in 1 cm große Würfel schneiden.

2 Fond und Wein in einen Topf gießen, Kartoffelwürfel, Schalottenhälften, Zitronenschale und ½ TL Salz zugeben und bei mittlerer Hitze zugedeckt in 10 Min. bissfest kochen. Kartoffeln mit der Schaumkelle herausheben. 4 EL abnehmen, Rest anderweitig verwenden. Kartoffelsud durch ein feines Sieb in einen Topf gießen und abkühlen lassen.

3 Inzwischen das Fischfilet kalt abspülen und sehr fein hacken oder mit dem Blitzhacker zerkleinern. Den Schnittlauch waschen, trocken schütteln und in Röllchen schneiden. 4 TL Schnittlauchröllchen beiseitestellen, den Rest mit dem zerkleinerten Fischfilet und den Eiweißen vermengen. Zitronensaft dazugießen.

4 Die übrigen Kartoffeln schälen und fein reiben, in ein Sieb geben und 5 Min. in eine Schüssel mit kaltem Wasser hängen, dabei öfter rühren, damit sich die Stärke absetzt. Kartoffeln in einem Sieb kalt abspülen und in einem Küchentuch gut auspressen. Mit der Fischmasse vermengen.

5 Die Fisch-Kartoffel-Masse zum Kartoffelsud geben, verrühren und bei kleiner Hitze aufkochen. Dabei öfter umrühren, bis die Masse zu stocken beginnt und nach oben steigt. Wenn der Sud kocht und das sogenannte „Klärfleisch" gestockt ist, den Topf vom Herd nehmen und 5 Min. ruhen lassen. Das „Klärfleisch" vorsichtig mit der Schaumkelle aus dem Topf herausheben. Ein feines Sieb mit einem sauberen Küchentuch auslegen und über einen Topf hängen. Die Consommé durch das Sieb schöpfen.

6 Öl in einer Pfanne erhitzen und die Baguettescheiben darin von beiden Seiten goldgelb rösten. Beiseitegestellte Kartoffelwürfel und Schnittlauchröllchen mit dem Kaviar mischen und auf den Baguettescheiben verteilen. Inzwischen die Consommé aufkochen, salzen, in tiefe Teller geben und die Baguettes daraufsetzen.

KARTOFFEL-BRUNOISE

KARTOFFEL-GALETTES

KARTOFFEL-SPÄTZLE

ERDÄPFEL-SCHÖBERL

Einlagen aus Kartoffeln

Kartoffel-Brunoise

Für 4–6 Personen | Zubereitung: ca. 15 Min.
Pro Portion (bei 6): ca. 24 kcal, 1 g EW, 0 g F, 5 g KH

200 g festkochende Kartoffeln und 1 Möhre schälen. Beides der Länge nach in dünne Scheiben schneiden, diese dann übereinanderlegen und der Länge nach in Streifen schneiden. Die Streifen quer in feine Würfel schneiden und in kochendem Salzwasser bei mittlerer Hitze offen in 1–2 Min. bissfest garen. In ein Sieb abgießen. 1 Bund Schnittlauch in Röllchen schneiden und 1 Stück frischen Meerrettich (1 cm) schälen und fein reiben. Beides mit der Kartoffel-Möhren-Mischung mischen und mit 1 Spritzer Zitronensaft und frisch geriebener Muskatnuss würzen. Die Mischung in Tassen verteilen und mit Brühe auffüllen. Brunoise eignen sich für klare Suppen – von der einfachen Brühe von Rind, Huhn, Fisch oder aus Gemüse bis zur feinen Consommé.

Kartoffel-Galettes

Für 20 Stück | Zubereitung: ca. 45 Min.
Pro Stück: ca. 38 kcal, 0 g EW, 3 g F, 2 g KH

350 g mehligkochende Kartoffeln waschen und mit ½ TL Salz in kochendem Wasser bei mittlerer Hitze zugedeckt in 20–25 Min. bissfest garen. Abgießen, noch heiß pellen und durchpressen. Dann mit 2 TL Speisestärke, 1 verquirlten Eiweiß und 1 EL gehackter Petersilie mischen. Mit Salz und Pfeffer abschmecken. 5 EL Öl in einer beschichteten Pfanne erhitzen, je 1 EL Masse hineinsetzen und glatt streichen. Die Galettes auf jeder Seite 1–2 Min. braten. Galettes zu einer klaren Suppe servieren. Man kann sie auch statt der Baguettescheiben in die Kartoffel-Consommé auf Seite 21 geben. Kartoffel-Galettes schmecken gut als knuspriger Kontrast in samtig-sahnigen Suppen.

Kartoffel-Spätzle

Für 8 Personen | Zubereitung: ca. 1 Std.
Kühlen: ca. 12 Std. über Nacht
Pro Portion: ca. 62 kcal, 2 g EW, 1 g F, 11 g KH

150 g mehligkochende Kartoffeln waschen und mit ½ TL Salz in kochendem Wasser bei mittlerer Hitze zugedeckt in 20–25 Min. bissfest garen. Abgießen, noch heiß pellen und am besten über Nacht vollständig auskühlen lassen. Am nächsten Tag die Kartoffeln fein reiben und mit 1 Ei (Größe M) und 70–100 g Mehl mischen, bis ein glatter, zähflüssiger Spätzleteig entsteht. Mit Salz abschmecken. Reichlich Salzwasser aufkochen, die Spätzle hineinpressen oder -schaben. Sobald sie an die Oberfläche steigen, mit der Schaumkelle herausheben, in ein Sieb geben und kurz kalt abspülen. In der Brühe erhitzen und servieren. Die Kartoffel-Spätzle serviert man vor allem in kräftigen Brühen oder auch als Bereicherung in Eintöpfen.

Erdäpfel-Schöberl

Für 4 Personen | Zubereitung: ca. 1 Std.
Kühlen: ca. 12 Std. über Nacht
Pro Portion: ca. 150 kcal, 9 g EW, 6 g F, 15 g KH

200 g vorwiegend festkochende Kartoffeln waschen, in kochendem Salzwasser bei mittlerer Hitze zugedeckt in 20–25 Min. bissfest garen. Abgießen, noch heiß pellen und am besten über Nacht auskühlen lassen. Am nächsten Tag den Backofen auf 180° vorheizen. Kartoffeln fein reiben und mit 50 g Mehl mischen. 4 Eier (Größe M) trennen. Eigelbe unter die Kartoffelmasse mischen. Eiweiße mit 1 Prise Salz steif schlagen. Ein Drittel Eischnee unter die Masse rühren, den Rest unterheben. Die Masse in eine gefettete Springform füllen und glatt streichen. Im heißen Ofen (Mitte, Umluft 160°) in 10–12 Min. goldgelb backen. Aus der Form lösen und auf einem Gitter vollständig auskühlen lassen. In Würfel schneiden und in die heiße Brühe geben. Erdäpfel-Schöberl gehören in eine klassische Wiener Tafelspitzbrühe, aber auch in einer cremigen Kartoffelsuppe sind sie fein.

KARTOFFELCREMESUPPE MIT SPECK-CROÛTONS

Der sanfte, aber geschmackvolle Klassiker wird hier nach traditioneller Art mit Eigelben und Sahne samtig gebunden – also legiert, wie man in der Küchensprache sagt. Als Kontrast gibt es dazu knusprige Speck-Croûtons mit Petersilie.

Kartoffelcremesuppe mit Speck-Croûtons

Für 4 Personen:

1 kleine Stange Lauch
1 Petersilienwurzel (ca.100 g)
600 g mehligkochende Kartoffeln (ersatzweise vorwiegend festkochende)
6 Zweige Thymian
1,2 l Gemüsebrühe (oder nach Wunsch Hühnerbrühe)
Salz | Pfeffer
100 g Räucherspeck in Scheiben
2 Scheiben Roggenbrot
1 kleines Bund Petersilie
100 g Sahne
2 Eigelb

Zubereitung: ca. 1 Std.
Pro Portion: ca. 360 kcal, 15 g EW, 17 g F, 32 g KH

1 Lauch der Länge nach halbieren, waschen, putzen und das Weiße und Hellgrüne in dünne Scheiben schneiden. Petersilienwurzel und Kartoffeln schälen und würfeln. Thymian waschen und trocken schütteln.

2 Die vorbereiteten Zutaten mit der Brühe in einen Topf geben, mit Salz und Pfeffer würzen und aufkochen. Die Suppe bei mittlerer Hitze offen 20 Min. kochen lassen, bis alles weich ist. Inzwischen vom Speck die Schwarte und vom Brot die Rinde abschneiden. Speck und Brot getrennt fein würfeln. Die Petersilie waschen, trocken schütteln und die Blätter hacken.

3 Den Thymian aus der Suppe entfernen. Suppe durch ein feines Sieb in einen anderen Topf gießen und mit einem Kochlöffel die Kartoffeln und das Gemüse durch das Sieb streichen (nicht pürieren, das würde die Suppe zäh machen). Suppe noch mal aufkochen und mit Salz und Pfeffer abschmecken.

4 In einer Pfanne Speck bei kleiner Hitze langsam knusprig braten. Das Brot dazugeben und mit anrösten, zum Schluss die Petersilie dazugeben und unterrühren. Die Sahne mit den Eigelben in einer kleinen Schüssel verrühren. Eine Suppenkelle voll Suppe zur Eiersahne geben, mischen und anschließend in die Suppe rühren. Die Suppe darf nicht mehr kochen, sonst stockt das Eigelb. Die legierte Suppe mit den Speck-Croûtons bestreuen und servieren.

Der kühle Klassiker auf französische Art: Diese kalte Kartoffelsuppe macht sich toll bei einer Balkonparty im Sommer, ist aber auch als Vorspeise auf den Speisekarten der feinsten Lokale zu Hause – dort wird sie gern mit einem Löffel Kaviar im Finish serviert. Die Curry-Kokos-Butter und die Käse-Croûtons am Ende sind als Einlagen für die warme Cremesuppe gedacht.

Vichyssoise mit Schnittlauch

Für 4 Personen:
1 Stange Lauch
1 Zwiebel
200 g vorwiegend festkochende Kartoffeln
1 EL Öl
400 ml Geflügel- oder Gemüsefond (aus dem Glas)
Salz | Pfeffer
frisch geriebene Muskatnuss
200 g Sahne
1 Bund Schnittlauch
4 EL saure Sahne
Zubereitung: ca. 1 Std.
Kochen: ca. 30 Min.
Pro Portion: ca. 245 kcal, 4 g EW, 21 g F, 10 g KH

1 Den Lauch längs halbieren, putzen, waschen und das Weiße und Hellgrüne in dünne Ringe schneiden. Zwiebel schälen, vierteln und in Streifen schneiden. Die Kartoffeln schälen und in Scheiben schneiden.

2 Lauch und Zwiebel im Öl andünsten und mit Geflügel- oder Gemüsefond auffüllen. Die Kartoffeln dazugeben und mit Salz, Pfeffer und Muskat würzen. Alles offen bei mittlerer Hitze in 25–30 Min. garen.

3 Die Sahne zugießen und weitere 2 Min. kochen lassen. Die Suppe durch ein Sieb streichen (nicht pürieren, das macht sie zäh) und vollständig auskühlen lassen. Den Schnittlauch waschen, trocken schütteln und in Röllchen schneiden. Die Suppe abschmecken und in Schalen anrichten. Jeweils 1 Klacks saurer Sahne daraufgeben und mit Schnittlauch bestreut servieren.

Einlage: Curry-Kokos-Butter

Für 4 Personen: 2 gehäufte EL Kokosraspel in einer Pfanne ohne Fett rösten, bis sie fein duften. 100 g Butter dazugeben und schmelzen lassen. Dann 1 EL Currypulver einrühren und aufschäumen lassen. Mit Salz, je 1 Spritzer Sojasauce und Zitronensaft würzen, in eine Tasse füllen und im Kühlschrank fest werden lassen. Currybutter stürzen, in Stücke schneiden und direkt vor dem Servieren auf die Kartoffelcremesuppe geben.

Einlage: Käse-Croûtons

Für 4 Personen: Den Backofen auf 200° vorheizen. 50 g Mehl, 50 g Magerquark, 50 g geriebenen Emmentaler und 50 g in Würfel geschnittene kalte Butter mit 1 Prise Salz rasch zu einem Teig verkneten. Diesen auf einer bemehlten Arbeitsfläche ca. 5 mm dick ausrollen, mit 1 verquirlten Eigelb bestreichen und mit 1 TL Mohn bestreuen. In 2 cm große Quadrate schneiden und diese auf ein mit Backpapier belegtes Backblech legen. Im heißen Ofen (Mitte, Umluft 180°) in 10–15 Min. goldgelb backen. Die Croûtons können je nach Geschmack warm oder kalt serviert werden.

Geriebene Kartoffelsuppe

FÜR KENNER UND LIEBHABER

Für 4 Personen:
1 l Fleischbrühe
350 g mehligkochende Kartoffeln
2 Zwiebeln
100 g geräucherte Blutwurst
1 EL Schweineschmalz (ersatzweise Butterschmalz)
2 EL Sultaninen
1 TL getrockneter Majoran
1 säuerlicher Apfel (z. B. Boskop, ca. 200 g)
500 ml Buttermilch
Salz | Pfeffer
Zubereitung: ca. 1 Std.
Pro Portion: ca. 285 kcal, 9 g EW, 14 g F, 27 g KH

1 Die Brühe in einem Topf aufkochen. Kartoffeln und Zwiebeln schälen. Kartoffeln und 1 Zwiebel in eine Schüssel fein reiben.

2 Kartoffel- und Zwiebelraspel samt ausgetretener Flüssigkeit in die heiße Brühe geben und ca. 25 Min. bei mittlerer Hitze offen kochen lassen, bis die Brühe gebunden ist. Dabei immer wieder umrühren. Sollte die Suppe zu dick sein, noch etwas Brühe zugießen.

3 Inzwischen die übrige Zwiebel würfeln. Blutwurst pellen und würfeln. Schmalz erhitzen und die Zwiebelwürfel darin leicht bräunen. Blutwurst, Sultaninen und Majoran zugeben und 1 Min. mitbraten.

4 Den Apfel schälen, fein reiben und mit der Buttermilch zur Suppe geben, 1 Min. offen kochen lassen. Die Suppe mit Salz und Pfeffer abschmecken. Die heiße Suppe auf Teller verteilen und mit der Blutwurstmischung bestreut servieren.

Kartoffelschaumsuppe mit Shiitake

SAMTIGER AUFTAKT FÜRS MENÜ

Für 4 Personen:
300 g mehligkochende Kartoffeln | Salz
50 g weiche Butter
1 EL getrocknete Steinpilze
100 g Shiitakepilze
4 Zweige Estragon
2 Schalotten
400 ml Gemüsebrühe
Pfeffer | frisch geriebene Muskatnuss
150 g Sahne
3 EL Sonnenblumenöl
Zubereitung: ca. 50 Min.
Pro Portion: ca. 350 kcal, 3 g EW, 31 g F, 12 g KH

1 Kartoffeln schälen, halbieren und zugedeckt in Salzwasser bei mittlerer Hitz in 15–20 Min. garen. Kartoffeln abgießen, kurz ausdämpfen lassen, durch die Presse drücken und mit der Butter glatt rühren.

2 Inzwischen Steinpilze in 100 ml warmem Wasser einweichen. Shiitake putzen, die Stiele abdrehen und wegwerfen, die Kappen in dünne Scheiben schneiden. Estragon waschen und trocken schütteln, die Blätter hacken. Steinpilze aus dem Wasser nehmen. Das Wasser durch einen Kaffeefilter gießen und auffangen, die Pilze hacken und mit Shiitakepilzen und Estragon mischen. Schalotten schälen und würfeln.

3 Brühe und Pilzwasser erhitzen. Das Kartoffelpüree einrühren und die Suppe mit Salz, Pfeffer und Muskat abschmecken. Die Sahne steif schlagen und kurz vor dem Servieren unter die Suppe heben.

4 Inzwischen die Schalotten im Öl glasig dünsten, die Pilzmischung darin kurz anbraten, salzen, pfeffern und auf der Suppe anrichten.

LINKS: GERIEBENE KARTOFFELSUPPE | RECHTS: KARTOFFELSCHAUMSUPPE MIT SHIITAKE

Cotriade mit Cidre

EIN TRADITIONSREICHER FISCHEINTOPF AUS DER BRETAGNE

Für 4 Personen:

500 g vorwiegend festkochende Kartoffeln
5 Schalotten
4 Zweige Thymian
600 g Fischfilet (z. B. Kabeljau, Scholle oder Heilbutt, am besten MSC-Siegel, siehe Tipp)
2 TL Apfel- oder Weißweinessig
Salz | weißer Pfeffer
40 g Schweineschmalz (ersatzweise Butterschmalz)
1 l Fischfond (aus dem Glas)
200 ml trockener Cidre (franz. Apfelwein)
1 Lorbeerblatt

Zubereitung: ca. 40 Min.
Kochen: ca. 20 Min.
Pro Portion: ca. 310 kcal, 31 g EW, 10 g F, 19 g KH

1 Die Kartoffeln schälen und je nach Größe längs halbieren oder vierteln. Die Schalotten schälen und in Ringe schneiden. Den Thymian waschen und trocken schütteln. Fischfilets kalt abspülen und trocken tupfen. 1 TL Essig, ½ TL Salz und 1 Prise Pfeffer verrühren und den Fisch damit einreiben.

2 Schmalz in einem weiten Topf erhitzen und die Schalotten darin in 5 Min. zugedeckt goldgelb dünsten. Schalotten mit Fischfond und Cidre ablöschen, Kartoffeln, Thymian und das Lorbeerblatt zugeben. Aufkochen, die Kartoffeln zugeben und zugedeckt bei mittlerer Hitze in 15–20 Min. bissfest garen, anschließend die Hitze reduzieren.

3 Die Fischfilets zu den Kartoffeln in den Topf geben, sie sollen mit der Brühe bedeckt sein. Den Fisch bei kleinster Hitze zugedeckt in ca. 5 Min. gar ziehen lassen.

4 Kartoffeln und Fischfilets mit einem Schaumlöffel herausheben und auf einer vorgewärmten Platte oder auf tiefen Tellern anrichten und mit dem restlichen Essig beträufeln. Den Sud mit Salz und Pfeffer abschmecken und nochmals aufkochen. Thymian und Lorbeerblatt entfernen. Etwas Fischfond über die Fischfilets und die Kartoffeln geben und den restlichen Fond separat dazuservieren.

Tipp Viele Meeresfische gehören inzwischen zu den bedrohten Arten, weil große Fangflotten ihre Bestände immer stärker gefährden. Darum haben Handels- und Umweltorganisationen das inzwischen unabhängige MSC-Siegel eingeführt, das Kunden ein gutes Gewissen beim Kauf geben soll. Es garantiert, dass Meeresfrüchte und Fisch aus gesicherten Fischbeständen stammen, und dass beim Fang nicht das Ökosystem und der Artenschutz verletzt wurden.

LINKS: KARTOFFEL-RAGOUT-FIN | RECHTS: BURGENLÄNDER ERDÄPFELGULASCH

Burgenländer Erdäpfelgulasch

SCHMECKT ABER AUCH DER PIROSCHKA

Für 4 Personen:
4 Zwiebeln | 2 Knoblauchzehen
2 grüne Paprikaschoten | 2 Fleischtomaten
1 kg festkochende Kartoffeln
30 g Schweineschmalz
4 Paar Debreziner-Würste (ersatzweise Wiener Würstchen)
½ TL Kümmelkörner
1 TL getrockneter Majoran
3 EL edelsüßes Paprikapulver
1 EL Rotweinessig
Salz | schwarzer Pfeffer
100 g saure Sahne
Zubereitung: ca. 45 Min.
Pro Portion: ca. 660 kcal, 18 g EW, 36 g F, 66 g KH

1 Zwiebeln und Knoblauch getrennt schälen und fein würfeln. Paprikaschoten waschen, putzen. entkernen und würfeln. Tomaten waschen und halbieren. Tomatenhälften mit der Schnittfläche auf der groben Reibe in eine Schüssel reiben, sodass am Ende nur die Haut übrig bleibt. Die Kartoffeln schälen und 1 cm groß würfeln.

2 Das Schmalz in einem großen Topf erhitzen und darin die Debreziner rundherum 2–3 Min. braten, herausnehmen und in Scheiben schneiden. Im Bratfett Zwiebeln mit Kümmel und Majoran in 5 Min. glasig dünsten. Paprikapulver und Knoblauch 1 Min. mitdünsten, dann mit dem Essig ablöschen.

3 Paprika, Kartoffeln und Tomaten zugeben, salzen, pfeffern und zugedeckt 15 Min. bei kleiner Hitze im eigenen Saft schmoren lassen, bis die Kartoffeln bissfest sind. Die Debreziner im Gulasch erwärmen und abschmecken. Dazu die saure Sahne servieren.

Kartoffel-Ragout-fin

SO EDEL KANN DIE KNOLLE SEIN

Für 4 Personen:
400 g Pfifferlinge (ersatzweise Champignons)
900 g festkochende Kartoffeln
4 Frühlingszwiebeln
1 l Gemüsefond (aus dem Glas)
200 ml trockener Weißwein (ersatzweise Gemüsefond aus dem Glas)
1 Lorbeerblatt | Salz
7 Zweige Estragon
3 EL Butter
5 Eigelb
200 g Crème fraîche
1 EL scharfer körniger Senf | Pfeffer
Zubereitung: ca. 45 Min.
Pro Portion: ca. 520 kcal, 12 g EW, 35 g F, 31 g KH

1 Pfifferlinge gründlich putzen, größere Pilze halbieren. Kartoffeln schälen und würfeln. Die Frühlingszwiebeln waschen, putzen, in feine Ringe schneiden.

2 In einem Topf Fond und Wein mit Lorbeer sowie ½ TL Salz aufkochen und die Kartoffeln darin zugedeckt bei mittlerer Hitze in 10–12 Min. knapp bissfest garen, dann abgießen.

3 Inzwischen den Estragon waschen und trocken schütteln, Blätter abzupfen und grob hacken. In einer großen Pfanne bei mittlerer Hitze die Butter erhitzen, Frühlingszwiebeln darin 1 Min. andünsten, Pfifferlinge zugeben und unter Rühren 1 Min. bei starker Hitze braten. Estragon zugeben, vom Herd nehmen.

4 Eigelbe, Crème fraîche und Senf verrühren. Die Kartoffeln und die Eigelbmischung unter die Pilze rühren, salzen, pfeffern und zugedeckt 2 Min. ziehen lassen. Sofort servieren.

Ligurische Kartoffel-Nudeln

HIER VERBINDEN SICH PASTA UND PESTO MIT KARTOFFELN

Für 4–6 Personen:
300 g grüne Bohnen
300 g längliche festkochende Kartoffeln
1 Bund Bohnenkraut
3 Knoblauchzehen
Salz
500 g Linguine (schmale ital. Bandnudeln)
120 g klassisches Basilikum-Pesto (aus dem Glas, oder siehe Tipp)
schwarzer Pfeffer
frisch geriebener Parmesan
Zubereitung: ca. 30 Min.
Pro Portion (bei 6 Portionen): ca. 440 kcal, 14 g EW, 10 g F, 72 g KH

1 Bohnen waschen, putzen und die Enden abschneiden. Bohnen je nach Länge ein- bis zweimal quer halbieren. Die Kartoffeln schälen und erst in ca. 1 cm dicke Scheiben, dann in 1 cm dicke Streifen schneiden. Bohnenkraut waschen und trocken schütteln. Den Knoblauch schälen.

2 In einem großen Topf 4 l Wasser mit 4 TL Salz und Bohnenkraut aufkochen. Bohnen, Kartoffelstreifen, Knoblauch und Linguine zugeben und alles bei mittlerer Hitze 8–10 Min. offen kochen, bis die Nudeln bissfest sind.

3 Ein Nudelsieb in eine große Servierschüssel stellen. Den Topfinhalt dorthinein abgießen und kurz abtropfen lassen, das Wasser wärmt die Schüssel an. Die Flüssigkeit aus der Schüssel gießen, vorher 1 Schöpfkelle Nudelwasser abschöpfen und beiseitestellen. Die Nudelmischung und das aufgefangene Nudelwasser mit dem Pesto in der Schüssel verrühren. Dazu frisch geriebenen Parmesan servieren.

Tipp Dieses traditionelle Rezept aus Norditalien schmeckt am besten mit selbst gemachtem Pesto Genovese. Für ca. 200 ml Pesto die Blätter von 1 Bund Basilikum waschen, trocken schütteln und von den Stielen zupfen. 2 EL Pinienkerne in der Pfanne ohne Fett anrösten, bis sie duften, und abkühlen lassen. 2 Knoblauchzehen schälen und mit Pinienkernen und Basilikum grob hacken. Diese Mischung im Mörser fein zerreiben und mit 125 ml Olivenöl extra vergine und 50 g frisch geriebenem Parmesan mischen – oder alles zusammen im Mixer zerkleinern. Mit Salz und Pfeffer abschmecken.

Pures, Püree und mehr

Safran-kartoffeln

MIT EINER STARKEN PRISE ORIENT

Für 4 Personen:
½ Bio-Orange
600 g vorwiegend festkochende Kartoffeln
4 Kardamomkapseln
1 Lorbeerblatt
2 Tütchen Safran (à 0,1 g)
Salz
Zubereitung: ca. 15 Min.
Kochen: ca. 15 Min.
Pro Portion: ca. 80 kcal, 2 g EW, 0 g F, 18 g KH

1 Die Orange heiß abwaschen und die Schale in fingerbreiten Streifen hauchdünn abschälen. Die Kartoffeln schälen und der Länge nach halbieren, größere Kartoffeln vierteln.

2 Kartoffeln mit Kardamom, Orangenschale und Lorbeer in einen Topf geben, Safran und ½ TL Salz darüberstreuen und alles knapp mit Wasser bedecken. Bei starker Hitze aufkochen und die Kartoffeln zugedeckt bei mittlerer Hitze in 10–15 Min. garen.

3 Das Kartoffelwasser aus dem Topf abgießen und die Kartoffeln im Topf auf der ausgeschalteten Herdplatte offen 1 Min. ausdämpfen lassen. Lorbeer, Orangenschale und Kardamom entfernen und die Kartoffeln sofort servieren. Safrankartoffeln passen gut als Beilage zu gebratenem Fisch, Lammragout oder Ratatouille.

Italienische Brühkartoffeln

SCHMECKEN AUCH ALS LAUWARME TOLL

Für 4 Personen:
500 g Blattspinat (ersatzweise 300 g TK-Blattspinat)
300 g Tomaten
½ Bio-Zitrone
3 Knoblauchzehen
2 Zweige Rosmarin
700 g mittelgroße neue Kartoffeln
Salz
2 Lorbeerblätter
750 ml Hühnerbrühe
schwarzer Pfeffer
frisch geriebener Parmesan
Zubereitung: ca. 30 Min.
Pro Portion: ca. 130 kcal, 6 g EW, 1 g F, 25 g KH

1 Den Spinat putzen, gründlich waschen, gut abtropfen lassen oder trocken schleudern. Die Tomaten waschen, den Stielansatz herausschneiden und das Fruchtfleisch in große Würfel schneiden. Die Zitrone heiß waschen, abtrocknen und die Schale dünn abreiben, den Saft auspressen. Spinat und Tomaten mit Zitronenschale und -saft mischen.

2 Den Knoblauch schälen. Den Rosmarin waschen. Die Kartoffeln waschen und je nach Größe halbieren oder vierteln und mit ½ TL Salz in einen großen Topf geben, Knoblauch, Lorbeer und Rosmarin mit der Brühe dazugeben.

3 Alles bei kleiner Hitze ca. 15 Min. zugedeckt köcheln lassen, bis die Kartoffeln bissfest sind. Knoblauch, Rosmarin und Lorbeer entfernen. Die Spinat-Tomaten-Mischung unterrühren und noch 1 Min. zugedeckt ziehen lassen. Mit Salz und Pfeffer würzen und mit frisch geriebenem Parmesan servieren.

OBEN: SAFRANKARTOFFELN | UNTEN: ITALIENISCHE BRÜHKARTOFFELN

Legierte Weißwein-kartoffeln

FÜR FRANKOPHILE

Für 4 Personen:
3 Frühlingszwiebeln
1 Fenchelknolle
1 Bund Dill
700 g festkochende Kartoffeln
2 EL Butter
200 ml trockener Weißwein
200 ml Gemüsebrühe | Salz
100 g Crème fraîche
1 Eigelb
1 TL scharfer Senf
weißer Pfeffer
Zubereitung: ca. 45 Min.
Pro Portion: ca. 300 kcal, 6 g EW, 16 g F, 26 g KH

1 Die Frühlingszwiebeln waschen, putzen und in 1 cm dicke Ringe schneiden. Den Fenchel waschen, putzen, halbieren und den Strunk entfernen. Fenchel in ca. 1 cm große Würfel schneiden. Den Dill waschen und trocken schütteln, die Spitzen abzupfen und die Stiele beiseitelegen. Die Kartoffeln schälen und in 1 cm dicke Scheiben schneiden.

2 Inzwischen die Butter in einem Topf erhitzen und Frühlingszwiebeln sowie Fenchel darin andünsten und mit Wein und Brühe ablöschen. Kartoffeln, Dillstiele und ½ TL Salz zugeben und bei mittlerer Hitze zugedeckt in 10–15 Min. bissfest garen. Dill entfernen.

3 Crème fraîche, Eigelb und Senf verrühren. Die gegarten Kartoffeln vom Herd nehmen und die Senfmischung einrühren, bis die Flüssigkeit cremig gebunden ist. Salzen, pfeffern und mit den Dillspitzen bestreut sofort servieren. Schmeckt zu gebratenem oder pochiertem Fischfilet, zu Eiergerichten sowie gekochtem Rindfleisch.

Rotweinkartoffeln mit Chorizo

FÜR HISPANOPHILE

Für 4 Personen:
700 g kleine festkochende Kartoffeln
4 Zweige Rosmarin
2 rote Chilischoten
1 Knoblauchzehe
4 Chorizos (ca. 200 g; ersatzweise andere kleine luftgetrocknete Würste)
½ TL Salz
½ TL Zucker
250 ml kräftiger Rotwein
200 ml Hühnerbrühe
1 EL Rotweinessig
Zubereitung: ca. 25 Min.
Kochen: ca. 20 Min.
Pro Portion: ca. 340 kcal, 14 g EW, 17 g F, 24 g KH

1 Kartoffeln schälen. Den Rosmarin waschen und trocken schütteln. Chilischoten waschen, putzen, halbieren und entkernen, Knoblauch schälen und beides in dünne Scheiben schneiden.

2 Die vorbereiteten Zutaten mit Chorizos, ½ TL Salz und Zucker in einen Topf geben. Rotwein und Hühnerbrühe zugießen und das Ganze bei mittlerer Hitze zugedeckt in 15–20 Min. bissfest garen.

3 Chorizos aus dem Topf nehmen und in Scheiben schneiden. Chorizos wieder zu den Rotweinkartoffeln geben, mit Rotweinessig abschmecken und servieren. Schmeckt zu Lammkoteletts oder Entrecote, Fisch aus dem Ofen oder Grillgemüse.

LEGIERTE WEISSWEINKARTOFFELN

ROTWEINKARTOFFELN MIT CHORZIO

Pellkartoffeln mit drei Dips

EINE WONNE NICHT NUR FÜR PURISTEN

Für 4 Personen:

Für die Kartoffeln:

1,2 kg große vorwiegend festkochende Kartoffeln
Salz

Für den Möhrendip:

200 g Möhren
1 TL Meerrettich (aus dem Glas)
½ TL Honig
200 g körniger Frischkäse
Salz | weißer Pfeffer

Für die Käsecreme:

200 g reifer Rotschmierkäse (z. B. Romadur, Munster)
100 g Magerquark
100 g Dickmilch
½ TL Kümmelkörner
Cayennepfeffer | Salz

Für die Kaviarbutter:

1 Bund Schnittlauch
200 g weiche Butter
Worcestersauce
frisch gepresster Zitronensaft
Salz | weißer Pfeffer
50 g Forellenkaviar

Zubereitung: ca. 30 Min.

Pro Portion: ca. 775 kcal, 33 g EW, 52 g F, 43 g KH

1 Die Kartoffeln gründlich waschen und mit 1 ½ TL Salz in einen Topf geben. Kartoffeln knapp mit Wasser bedecken und bei mittlerer Hitze zugedeckt in ca. 20 Min. bissfest garen.

2 Inzwischen für den Möhrendip die Möhren schälen und grob raspeln. Den Meerrettich mit Honig verrühren und mit Möhren sowie Frischkäse mischen, mit Salz und Pfeffer abschmecken.

3 Für die Käsecreme den Käse entrinden und mit einer Gabel zerdrücken. Quark, Dickmilch und Kümmelkörner verrühren, mit dem Käse mischen und mit Cayennepfeffer und Salz abschmecken.

4 Für die Kaviarbutter den Schnittlauch waschen, trocken schütteln und in Röllchen schneiden. Butter mit einigen Spritzern Worcestersauce und Zitronensaft sowie Salz und Pfeffer würzen. Forellenkaviar und Schnittlauchröllchen unterrühren.

5 Die gegarten Kartoffeln abgießen und noch kurz auf dem Herd ausdämpfen lassen. Dann mit den drei Dips, vielen Servietten und Schälchen für die Schalen auf den Tisch bringen – dann kann jeder lospellen und nach Lust und Laune Kartoffeln und Dips kombinieren.

Tipp **Die purste Art, Pellkartoffeln zu genießen, ist einfach nur mit Butter und Salz – bei erstklassigen Knollen eine Delikatesse.**
In und um Berlin sind Pellkartoffeln mit Quark und Leinöl ein echter Klassiker, wobei die Fans darauf schwören, dass der Quark direkt aus dem Becher ohne Rühren und Würzen an die Kartoffel kommt.
Am einfachsten lassen sich Pellkartoffeln pellen, wenn sie nach dem Garen ganz kurz mit Wasser abgeschreckt werden, dann löst sich die Schale leichter. Am besten bekommt jeder ein kleines Kartoffelmesser zum Teller oder Brett gelegt, mit dem das Pellen viel besser klappt als mit einem normalen Besteckmesser.
Die Dips passen auch perfekt zu ganzen Kartoffeln aus dem Ofen – Rezepte hierzu finden sich auf Seite 111 und 112.

Runzelkartoffeln mit Mojo

PAPAS ARRUGADAS: TURBO-SALZKARTOFFELN VON DEN KANAREN

Für 4–6 Personen:
Für die Mojo:
150 g frisches Weißbrot
5 EL Rotweinessig
6 Knoblauchzehen
¼ TL Meersalz
2–3 rote Chilischoten
1 Ei (Größe M)
2 Eigelb
4 EL edelsüßes Paprikapulver
1 EL gemahlener Kreuzkümmel
1 TL getrockneter Oregano
250 ml Olivenöl
250 ml Sonnenblumenöl
Für die Kartoffeln:
900 g mittelgroße vorwiegend festkochende Kartoffeln
300 g Meersalz
Zubereitung: ca. 20 Min.
Kochen: ca. 25 Min.
Pro Portion (bei 6 Portionen): ca. 914 kcal, 6 g EW, 87 g F, 27 g KH

1 Für die Mojo die Rinde vom Weißbrot abschneiden. Das Brot grob hacken, mit Essig und 4 EL lauwarmem Wasser mischen und beiseitestellen. Knoblauch schälen und grob hacken, mit dem Salz bestreuen und mit einer Messerklinge zerreiben. Chilischoten waschen, halbieren, entkernen und grob hacken. Die vorbereiteten Zutaten mit Ei, Eigelben, Paprikapulver, Kreuzkümmel und Oregano in den Mixer geben und pürieren. Anschließend die beiden Öle unter Rühren nach und nach in dünnem Strahl dazugießen, sodass eine cremige Sauce entsteht. Mit Salz abschmecken.

2 Kartoffeln gründlich waschen und in einen weiten Topf geben. Das Meersalz darüber verteilen, mit 400 ml Wasser bedecken, aufkochen. Gelegentlich an dem Topf rütteln, damit sich das Salz gut verteilt.

3 Ein Küchentuch über den Topf legen und die Kartoffeln bei mittlerer Hitze in ca. 15 Min. bissfest garen. Hitze reduzieren und die Kartoffeln bei kleinster Hitze unter gelegentlichem Rütteln des Topfs ca. 10 Min. braten, bis sie eine faltige, fein mit Salz überzogene Schale haben. Die Kartoffeln mit der Mojo servieren.

Tipp Ursprünglich wurde diese auf den Kanarischen Inseln beliebte Kartoffelspezialität mit Meerwasser zubereitet. Die große Salzmenge im Rezept muss nicht erschrecken – die Schale sorgt dafür, dass die Würzbalance in den Knollen so perfekt wird. Die cremig-scharfe Mojo ist ein guter Kontrast zu den leicht knusprigen Papas arrugadas.

Variante Grüne Mojo

Für grüne Mojo wird das obige Rezept mit grünen Chilischoten zubereitet. Das Paprikapulver wird weggelassen, dafür kommen jeweils 1 Bund fein gehacktes Koriandergrün und fein gehackte Petersilie mit in den Mixer. Ansonsten bleibt die Zubereitung unverändert.

KARTOFFELPÜREE MIT RÖSTZWIEBELN

Salz- oder Pellkartoffeln? Aus den geschälten Knollen kann man gleich nach dem Kochen ein Püree machen – je heißer die Kartoffeln noch sind, umso geschmeidiger wird die Püreemasse. Ganz wichtig: nie pürieren, das macht sie kleistrig.

Kartoffelpüree mit Röstzwiebeln

Für 4 Personen:
700 g mehligkochende Kartoffeln
½ TL Salz
2 Zwiebeln
50 g Butter
150–200 ml Vollmilch
frisch geriebene Muskatnuss
Zubereitung: ca. 30 Min.
Pro Portion: ca. 225 kcal, 5 g EW, 12 g F, 24 g KH

1 Die Kartoffeln schälen und halbieren. Kartoffelstücke mit dem Salz in einen Topf geben und knapp mit Wasser bedecken. Aufkochen und zugedeckt bei mittlerer Hitze in 12–15 Min. bissfest garen.

2 Inzwischen die Zwiebeln schälen, vierteln und quer in Streifen schneiden. Die Butter erhitzen und die Zwiebeln darin in ca. 5 Min. langsam goldbraun anbraten lassen.

3 Das Kochwasser aus dem Topf abgießen, Kartoffeln im Topf auf der ausgeschalteten Herdplatte 1 Min. ausdämpfen lassen. Inzwischen die Milch erhitzen, aber nicht kochen lassen. Kartoffeln durch die Presse drücken. 100 ml Milch zugießen, das Püree mit dem Kochlöffel glatt rühren. Nach und nach die übrige Milch einrühren, bis ein lockeres Püree entstanden ist. Dabei nicht kräftig schlagen oder den Pürierstab nehmen, sonst wird das Püree zäh.

4 Die heiße Butter durch ein Sieb auf das Püree gießen, unterrühren. Mit Salz und Muskat würzen, Zwiebeln darauf verteilen und servieren. Das Püree passt zu Bratwürstchen, Braten sowie Koteletts, Rouladen oder gebratenem Fisch.

Varianten Pellkartoffel- und Ofenpüree

Für die Pellkartoffel-Variante gewaschene Kartoffeln in 15–20 Min. bissfest garen, sofort pellen und pressen. Noch mehr Aroma ergibt die Ofenkartoffel-Variante: ca. 150 g runde große Knollen mit Alufolie umwickeln und mit der Gabel einstechen. Auf einem Rost bei 180 C (Mitte) 50–60 Min. garen.

Bei kaum einem Gericht kommt die Kartoffel so gut zur Geltung wie beim Püree. Schon beim Garen kann sie sich mit Aromen verbinden, die sich beim Zerkleinern noch verstärken. Milch oder eine kräftige Brühe runden das perfekt ab. Die Bandbreite geht dabei von edel im Grand-Hotel-Stil bis deftig nach Bauernhof-Art, wie unsere beiden Beispiele zeigen.

Waldorfpüree mit Karamellnüssen

Für 4 Personen:
400 g mehligkochende Kartoffeln
250 g Knollensellerie | Salz
1 Apfel (z. B. Boskop)
150–200 ml Milch
½ TL frisch gepresster Zitronensaft
2 EL Mayonnaise | weißer Pfeffer
4 EL Walnusskerne
1 EL Butter
½ TL brauner Zucker
Zubereitung: ca. 30 Min.
Pro Portion: ca. 235 kcal, 5 g EW, 15 g F, 19 g KH

1 Kartoffeln schälen. Sellerie putzen und schälen. Beides würfeln, in einen Topf geben und gerade mit Salzwasser bedeckt bei mittlerer Hitze zugedeckt in 10 Min. knapp bissfest garen. Inzwischen den Apfel schälen und würfeln. Apfelwürfel mit Sellerie und Kartoffeln weitere 5 Min. garen.

2 Das Wasser abgießen und die Kartoffelmischung fein zerpressen. Milch erhitzen und nach und nach unter das Püree rühren. Zitronensaft, Mayonnaise und 1 Prise Pfeffer unterrühren, zugedeckt warm halten.

3 Die Nüsse grob hacken, mit Butter und Zucker in der Pfanne rösten, bis sie leicht karamellisieren. Nüsse auf dem Püree verteilt servieren. Passt gut zu gebratenem Geflügel oder Schweinemedaillons.

Kartoffelstampf mit Endivien

Für 4 Personen:
600 g mehligkochende Kartoffeln
Salz
150 g Endiviensalat
1 EL Obstessig
1 TL mittelscharfer Senf
Pfeffer
1 EL gehackte Petersilie
3 EL Öl
150–200 ml Milch
frisch geriebene Muskatnuss
Zubereitung: ca. 30 Min.
Pro Portion: ca. 215 kcal, 5 g EW, 12 g F, 22 g KH

1 Kartoffeln schälen und vierteln. In einem Topf knapp mit Salzwasser bedeckt bei mittlerer Hitze zugedeckt in 15 Min. garen.

2 Inzwischen den Salat putzen, waschen, trocken schleudern und in Streifen schneiden. Essig, Senf, Salz, Pfeffer und Petersilie mit dem Öl zu einem Dressing verrühren. Die Milch erhitzen.

3 Das Kartoffelwasser aus dem Topf abgießen und die Kartoffeln grob stampfen. Die heiße Milch nach und nach dazugießen, unterrühren und mit Muskat würzen. Den Endiviensalat mit dem Dressing mischen und unter die Stampfkartoffeln heben. Passt gut zu Koteletts, Hacksteaks oder paniertem Fischfilet.

KARTOFFEL-DAL MIT CURRYBUTTER

KRÄUTER-STAMPFKARTOFFELN

Kartoffel-Dal mit Currybutter

PÜREE AUF INDISCHE ART

Für 4 Personen:
400 g mehligkochende Kartoffeln
1 Knoblauchzehe
½ Bio-Orange
100 g rote Linsen
1 Lorbeerblatt | Salz
250 g griechischer Joghurt (10 % Fett)
3 EL Butter
1 EL Currypulver
Zubereitung: ca. 40 Min.
Kochen: ca. 20 Min.
Pro Portion: ca. 260 kcal, 10 g EW, 13 g F, 26 g KH

1 Kartoffeln schälen und je nach Größe halbieren oder vierteln. Knoblauch schälen. Die Orange heiß abwaschen und die Schale dünn abschälen, den Saft aus der Frucht auspressen. Linsen in einem Sieb mit kaltem Wasser abspülen.

2 Die vorbereiteten Zutaten, bis auf den Orangensaft, mit dem Lorbeerblatt sowie ½ TL Salz in einen Topf geben und 2 Fingerbreit mit Wasser bedecken. Aufkochen und bei mittlerer Hitze zugedeckt 15 Min. köcheln lassen, bis die Kartoffeln bissfest sind. In ein Sieb abgießen, Lorbeer und Orangenschale entfernen.

3 Kartoffel-Linsen-Mischung in den Topf zurückgeben und mit einem Kartoffelstampfer grob zerkleinern. Den Joghurt und Orangensaft unterrühren, salzen und im geschlossenen Topf 2 Min. auf die ausgeschaltete Herdplatte stellen. Die Butter in einem kleinen Topf zerlassen, Currypulver einstreuen und einmal aufschäumen lassen. Die Currybutter extra zum Dal servieren.

Kräuter-Stampfkartoffeln

GROSSARTIG ZU HACKSTEAK UND KOTELETT

Für 4 Personen:
2 Handvoll gemischte Kräuter (ca. 100 g, z. B. Dill, Petersilie, Schnittlauch, Kerbel, Zitronenmelisse, Borretsch)
150 g Blattspinat | Salz
700 g mehligkochende Kartoffeln
250 ml Gemüsebrühe
2 EL Kürbiskerne
4 EL Kürbiskernöl
Zubereitung: ca. 30 Min.
Kochen: ca. 15 Min.
Pro Portion: ca. 280 kcal, 9 g EW, 17 g F, 23 g KH

1 Kräuter waschen und trocken schütteln. Schnittlauch in Röllchen schneiden. Die übrigen Kräuterblätter von den Stielen zupfen und grob hacken. Die Kräuterstiele zusammenbinden. Blattspinat gründlich waschen und putzen, nur die Blätter verwenden. Den Spinat tropfnass in einen Topf geben, salzen und bei mittlerer Hitze zusammenfallen lassen. Vom Herd nehmen, gehackte Kräuter und Schnittlauchröllchen einrühren und abkühlen lassen.

2 Inzwischen die Kartoffeln schälen und würfeln. Kartoffeln mit Brühe und Kräuterstielen in einen Topf geben und 15 Min. bei kleiner Hitze zugedeckt kochen lassen, bis sie bissfest sind. Kräuterstiele entfernen und die Kartoffeln mit der Brühe grob zerstampfen.

3 Die Spinatmischung ausdrücken, dabei den Saft auffangen. Den Spinat grob hacken, mit dem Spinatsaft unter den Stampf mischen und warm halten.

4 Die Kürbiskerne in einer Pfanne ohne Fett anrösten, mit dem Kürbiskernöl mischen und extra zu den Stampfkartoffeln reichen.

Gnocchi mit Salbeibutter

KNÖDELGLÜCK AUF ITALIENISCH

Für 4 Personen:
1 kg mehligkochende Kartoffeln | Salz
ca. 150 g Mehl
ca. 100 g Hartweizengrieß
2 Zweige Salbei
6 EL Butter
50 g frisch geriebener Parmesan
Zubereitung: ca. 1 Std.
Kochen: ca. 35 Min.
Pro Portion: ca. 505 kcal, 15 g EW, 17 g F, 74 g KH

1 Die Kartoffeln waschen und mit 1 TL Salz bei mittlerer Hitze zugedeckt in 20–25 Min. knapp weich garen. Noch heiß pellen und durch die Kartoffelpresse drücken. 100 g Mehl und 70 g Grieß unter die Kartoffeln kneten, dann nur noch so viel Mehl und Grieß zugeben, bis ein trockener, gut formbarer Teig entsteht – die Bindung variiert nach Sorte und Reife der Kartoffel. Zum Test ein Klößchen formen und in Salzwasser 3–4 Min. sieden lassen.

2 Nun mit bemehlten Händen auf bemehlter Arbeitsfläche den Teig zu 3 cm dicken Rollen formen und diese in ca. 2 cm dicke Scheiben schneiden. Die Scheiben zu Miniknödeln formen und mithilfe einer Gabel leicht flach drücken.

3 Reichlich Salzwasser in einem Topf zum Kochen bringen. Die Gnocchi hineingeben, bei kleinster Hitze in 8–10 Min. gar ziehen lassen und in einem Sieb abtropfen lassen.

4 Salbei waschen und trocken schütteln, die Blätter in Streifen schneiden. Butter in einem Topf aufschäumen, Salbei untermischen. Gnocchi kurz in der Salbeibutter schwenken. Mit Parmesan bestreut servieren.

Kürbis-Gnocchi mit roten Zwiebeln

WENN LA MAMMA ES FEIN MACHT

Für 4 Personen:
400 g Hokkaido-Kürbis (ca. 250 g geputzt)
250 g mehligkochende Kartoffeln | Salz
weißer Pfeffer | frisch geriebene Muskatnuss
frisch gepresster Zitronensaft
1 Eigelb | ca. 250 g Mehl
1 rote Zwiebel | 50 g Butter
1 Bund glatte Petersilie
Zubereitung: ca. 1 Std.
Kochen: ca. 35 Min.
Pro Portion: ca. 375 kcal, 9 g EW, 13 g F, 56 g KH

1 Den Kürbis putzen, waschen, entkernen, das Fruchtfleisch würfeln. Kartoffeln waschen und in Salzwasser bei mittlerer Hitze zugedeckt in 20–25 Min. weich garen. Kürbis in etwas Salzwasser in ca. 7 Min. weich dünsten.

2 Kartoffeln abgießen, pellen, durch die Presse drücken. Kürbis abgießen, 1 Min. ausdämpfen lassen und durchpressen. Die heißen Pürees mit Salz, Pfeffer, Muskat und 1 Spritzer Zitronensaft würzen. Das Eigelb und so viel Mehl zugeben und verkneten, dass eine glatte, formbare Masse entsteht. Aus der Masse auf einer bemehlten Fläche, wie links beschrieben, Rollen formen, in 1 cm dicke Scheiben schneiden. Mit etwas Mehl bestäubt abkühlen lassen, anschließend wie beschrieben Gnocchi formen.

3 Gnocchi in siedendem Salzwasser in 8–10 Min. gar ziehen lassen und in einem Sieb abtropfen lassen. Inzwischen die Zwiebel schälen und würfeln. Butter in einem Topf aufschäumen, die Zwiebel darin 5 Min. bräunen. Petersilie waschen und trocken schütteln, die Blätter hacken und zugeben. Gnocchi mit der Zwiebelbutter schwenken und servieren.

LINKS: KÜRBIS-GNOCCHI MIT ROTEN ZWIEBELN | RECHTS: GNOCCHI MIT SALBEIBUTTER

LINKS: THÜRINGER ROHE KLÖSSE | RECHTS: HESSISCHE LAUCHKLÖSSE

Das Rezept stammt aus dem Vogelsberg, wo jeder Traditionshaushalt die speziellen handgenähten Leinenbeutel (Beulches) mit Bindeschnur hat, in die rohe Kartoffelmasse zum Kochen gepresst wird. Ersatzweise geht auch ein Tuch mit Küchengarn.

Beulches – Hessische Lauchklöße

Für 4 Personen:
1 Stange Lauch
100 g Pökelfleisch (z. B. Kasseler)
Salz
800 g mehligkochende Kartoffeln
1 EL Reis
Außerdem:
Küchentuch und Küchengarn
Zubereitung: ca. 30 Min.
Kochen: ca. 30 Min.
Pro Portion: ca. 140 kcal, 5 g EW, 1 g F, 28 g KH

1 Den Lauch längs halbieren, putzen, waschen und in ca. 1 cm große Würfel schneiden. Pökelfleisch ebenfalls 1 cm groß würfeln.

2 Reichlich Salzwasser in einem weiten Topf zum Kochen bringen. Die Kartoffeln schälen und auf der Gemüsereibe fein reiben. Anschließend mit den Lauch- und Fleischwürfeln, ½ TL Salz und dem Reis mischen. Die Masse auf ein Küchentuch geben und zu einer Rolle formen. Enden mit Küchengarn zusammenbinden, sodass eine stramme Rolle entsteht.

3 Die Rolle in siedendes Wasser legen und darin bei kleiner bis mittlerer Hitze in 30 Min. zugedeckt gar ziehen lassen. Anschließend aus dem Wasser heben, auspacken und in Scheiben geschnitten servieren. Die Klöße passen am besten zu Gerichten mit viel Sauce, wie beispielsweise Schweineragout oder Kasseler-Schmorbraten.

Tipp **Statt der rohen Reiskörner können Sie auch Grieß (ob Hart- oder Weichweizen ist egal) oder eine entrindete Toastbrotscheibe in Würfel schneiden und zur Masse geben, was ihr jeweils noch etwas Halt gibt. Und wenn kein Pökelfleisch zur Hand ist, tut es auch nicht zu fetter durchwachsener Räucherspeck.**

Klöße oder Knödel? Das ist erst mal eine Frage der Geografie statt der Zubereitung. Wobei man in Kloß-Regionen wie dem Rheinland oder Thüringen zu Varianten aus rohen Kartoffeln neigt, während im Knödel-Süden die Knollen oft vorher gegart werden. Für alle, die es mal so und mal so mögen, gibt's dann noch die „halb-und-halb"-Variante, da darf jeder selbst entscheiden.

Thüringer rohe Klöße

Für 8–10 Klöße:
1 kg mehligkochende Kartoffeln
125 ml Milch | Salz
30 g Weichweizengrieß
frisch geriebene Muskatnuss
Zubereitung: ca. 30 Min. | Kochen: ca. 20 Min.
Pro Stück (bei 10 Stücken): ca. 70 kcal, 2 g EW, 1 g F, 15 g KH

1 Kartoffeln schälen. Milch mit 1 TL Salz aufkochen, Grieß unter Rühren einrieseln lassen und unter Rühren bei kleiner Hitze in 5 Min. zu einem Brei kochen. Mit Muskat würzen und zugedeckt warm halten.

2 Eine Schüssel mit kaltem Wasser bereitstellen, eine feine Reibe hineinstellen und die Kartoffeln ins Wasser reiben. Die Masse in ein Sieb abgießen, gut abtropfen lassen, dabei das Wasser auffangen. Masse auf ein Küchentuch geben und gut ausdrücken, bis die Masse recht trocken ist. Masse sofort mit dem heißen Grießbrei verrühren. Sollte der Teig zu locker sein, einfach mit etwas Kartoffelstärke binden. Dazu das Wasser vorsichtig aus der Schüssel abgießen, bis nur noch Stärke am Boden zurückbleibt.

3 Reichlich Salzwasser in einem großen Topf aufkochen. Mit nassen Händen 8–10 Klöße formen und im siedenden Wasser bei kleiner Hitze offen 20 Min. gar ziehen lassen. Herausnehmen, abtropfen lassen.

Klöße halb und halb

Für 8 Klöße:
1 kg mehligkochende Kartoffeln | Salz
2 Eier (Größe M)
80 g Mehl
3 EL Weichweizengrieß
Zubereitung: ca. 30 Min. | Kochen: ca. 50 Min.
Kühlen: ca. 12 Std. über Nacht
Pro Stück: ca. 135 kcal, 5 g EW, 2 g F, 25 g KH

1 500 g Kartoffeln waschen und in kochendem Salzwasser bei mittlerer Hitze in 20–25 Min. zugedeckt bissfest garen. Abgießen, noch heiß pellen und über Nacht abkühlen lassen.

2 Am nächsten Tag die gekochten Kartoffeln grob reiben. Restliche Kartoffeln schälen und fein reiben. Die Masse in ein Küchentuch geben und darin gut auspressen, dabei das Wasser in einer Schüssel auffangen. Die Masse sollte recht trocken sein.

3 Reichlich Salzwasser aufkochen. Das Kartoffelwasser vorsichtig aus der Schüssel gießen und die unten abgesetzte Stärke mit der rohen Kloßmasse mischen. Mit den gegarten Kartoffeln, Eiern, Mehl, Grieß und 1 TL Salz vermengen. Aus der Masse mit nassen Händen Knödel formen. Knödel in kochendes Salzwasser geben, Hitze reduzieren und die Knödel in 20–25 Min. offen gar ziehen lassen. Passt gut zu Schweine- oder Sauerbraten.

Zwetschgenknödel

DAMIT EROBERT MAN JEDEN KARTOFFELZWEIFLER

Für 8 Knödel:
1 kg mehligkochende Kartoffeln
Salz
80 g Mehl
80 g Speisestärke
80 g Hartweizengrieß
1 Ei (Größe L)
8 Zwetschgen
8 Stück Würfelzucker
150 g Butter
100 g Semmelbrösel
Puderzucker
Zubereitung: ca. 1 Std. 30 Min.
Kühlen: ca. 12 Std.
Pro Stück: ca. 390 kcal, 7 g EW, 17 g F, 43 g KH

1 Kartoffeln am Vortag in Salzwasser bei mittlerer Hitze zugedeckt in 20–25 Min. bissfest garen, abgießen und kurz mit Wasser abschrecken, pellen und am besten über Nacht vollständig auskühlen lassen.

2 Am nächsten Tag die Kartoffeln grob reiben und mit Mehl, Stärke und Grieß locker mischen. Das Ei nur kurz und leicht unterkneten, damit die Masse locker bleibt und die Knödel später nicht zu fest werden.

3 Die Zwetschgen waschen, von der Seite her aufschneiden und entsteinen. Je 1 Stück Würfelzucker in 1 Zwetschge geben.

4 Den Knödelteig auf einer bemehlten Arbeitsfläche zu einer 5 cm dicken Rolle formen und in 8 gleich dicke Scheiben schneiden. Eine Teigscheibe etwas flach drücken, 1 Zwetschge darauflegen und die Knödelmasse darum herum mit angefeuchteten Händen zu einem Knödel formen. Mit dem restlichen Teig und restlichen Zwetschgen ebenso verfahren.

5 Reichlich Salzwasser in einem großen Topf zum Kochen bringen und die Knödel hineingeben. Die Hitze reduzieren und die Knödel in leicht siedendem Wasser in 20 Min. offen gar ziehen lassen. In der Zeit die Butter zerlassen und die Brösel hineinstreuen.

6 Die Knödel mit einer Schaumkelle aus dem Wasser heben und gut abtropfen lassen. Knödel auf Teller verteilen, mit der Bröselbutter bestreuen und nach Wunsch mit Puderzucker bestäubt servieren.

Variante Marillenknödel

Für Marillenknödel werden schön reife Aprikosen (auf Österreichisch „Marillen“) genommen. Auch sie werden entsteint und anschließend mit einem Stück Würfelzucker gefüllt. Manche tunken den Würfelzucker vorher noch in Barackpálinka, einen ungarischen Marillenbrand – aber bitte nur, wenn keine Kinder mit am Tisch sitzen!

Bratkartoffel-verhältnisse

Kartoffelgröstl mit Koriander-Gremolata

SCHMECKT SOLO UND ALS ORIGINELLE BEILAGE

Für 4 Personen:
700 kleine festkochende Kartoffeln
Salz
1 große rote Zwiebel
1 Bund Koriandergrün
½ Bio-Zitrone
½ TL schwarze Pfefferkörner
4 EL Olivenöl
Zubereitung: ca. 45 Min.
Pro Portion: ca. 220 kcal, 3 g EW, 12 g F, 22 g KH

1 Kartoffeln gründlich waschen, mit 1 TL Salz in einen Topf geben und gerade mit lauwarmem Wasser bedecken. Kartoffeln aufkochen und bei mittlerer Hitze zugedeckt in ca. 15–20 Min. knapp bissfest garen.

2 Inzwischen die Zwiebel schälen, vierteln und in Streifen schneiden. Den Koriander waschen und trocken schütteln, die Blättchen mittelfein hacken. Zitrone heiß abwaschen, abtrocknen und die Schale dünn abreiben. Pfefferkörner im Mörser grob zerdrücken. Koriander, Zitronenschale und Pfeffer mischen.

3 Das Kochwasser abgießen und die Kartoffeln im Topf 1 Min. auf dem ausgeschalteten Herd ausdämpfen lassen. Noch heiß längs halbieren, nicht schälen. 2 EL Öl in einer großen Pfanne erhitzen. Die Kartoffeln mit der Schnittfläche nach unten ins heiße Fett legen und bei mittlerer Hitze 3–4 Min. bräunen, ohne sie zu bewegen.

4 Kartoffeln wenden – oft reicht ein Rütteln an der Pfanne, dass sie auf die andere Seite kullern – und salzen. Kartoffeln weitere 3–4 Min. braten, dabei ab und zu wenden. Die Kartoffeln an den Rand schieben und im restlichen Öl die Zwiebel in 2 Min. leicht anbraten. Koriander-Gremolata einrühren, alles gut gemischt servieren.

Variante Tiroler Bauerngröstl

500 g gekochte Kartoffeln vom Vortag pellen und in ca. 1 cm dicke Scheiben schneiden. 1 Zwiebel schälen, halbieren und in Streifen schneiden. 250 g kaltes Bratenfleisch in Scheiben in 1,5 cm große Stücke schneiden. 2 EL Schweineschmalz in einer großen Pfanne erhitzen, die Kartoffeln darin mit ½ TL Kümmelkörnern 5–6 Min. bei mittlerer Hitze braten, nicht wenden. Die Zwiebel und 1 TL getrockneten Majoran dazugeben und die Kartoffeln wenden. Alles weitere 3 Min. braten. Bratenfleisch zugeben, salzen und pfeffern und unter häufigem Wenden noch 2 Min. weiterbraten. Mit grünem Salat servieren.

KARTOFFEL- UND MÖHREN-WEDGES

GEWÜRZKARTOFFELN AUS DEM OFEN

Kartoffel- und Möhren-Wedges

POMMES IM MODERN-PUB-STYLE

Für 4 Personen:
4 Zweige Rosmarin
1 rote Chilischote
2 Knoblauchzehen
2 Limetten
600 g vorwiegend festkochende Kartoffeln mit dünner Schale
200 g Möhren
1,5 kg pflanzliches Frittierfett
1 EL Garam masala (indische Gewürzmischung, Asienladen)
Salz
Zubereitung: ca. 30 Min.
Pro Portion: ca. 205 kcal, 3 g EW, 13 g F,20 g KH

1 Rosmarin und Chili waschen und trocken tupfen, den Knoblauch schälen. Die Limetten vierteln. Die Kartoffeln waschen, gut trocken tupfen und der Länge nach vierteln. Möhren schälen, längs halbieren und gleich groß wie die Kartoffeln schneiden.

2 Fett mit Rosmarin, Chili und Knoblauch in einem großen, nicht zu breiten Topf auf ca. 150° erhitzen (siehe Tipp Seite 81). 2 Min. darin garen und herausnehmen. Rosmarin aufheben, den Rest entfernen.

3 Die Kartoffeln und Möhren ins heiße Fett geben und 2–3 Min. frittieren, bis sie zu bräunen beginnen. Herausnehmen und abtropfen lassen.

4 Das Fett auf 170° erhitzen. Die Kartoffeln und Möhren darin nochmals 6–7 Min. knusprig frittieren, abtropfen lassen und in einer Schüssel mit Garam masala und Salz schwenken. Die Wedges in Schalen füllen, mit je 1 frittierten Rosmarinzweig garniert und einem Limettenviertel zum Beträufeln servieren.

Gewürzkartoffeln aus dem Ofen

BRATKARTOFFELN MAL ANDERS ZUBEREITET

Für 4 Personen:
700 g kleine festkochende Kartoffeln
1 TL Wacholderbeeren
1 Stück Zimtstange (ca. 2 cm)
½ TL Kümmelkörner
1 TL gelbe Senfkörner
4 EL Sonnenblumenöl
2 EL Sonnenblumenkerne
1 Bund Schnittlauch
Meersalz | schwarzer Pfeffer
Zubereitung: ca. 30 Min.
Garen: ca. 50 Min.
Pro Portion: ca. 230 kcal, 4 g EW, 14 g F, 21 g KH

1 Den Ofen auf 175° vorheizen. Die Kartoffeln schälen. Die Wacholderbeeren andrücken, die Zimtstange in Stücke brechen.

2 Wacholder, Zimt, Kümmel- und Senfkörner mit dem Öl in einen ofenfesten Topf oder Bräter geben und offen bei kleiner Hitze anrösten, bis es duftet. Die Kartoffeln und Sonnenblumenkerne zugeben, den Topf oder Bräter in den heißen Ofen (Mitte, Umluft 160°) stellen und 40–50 Min. rösten lassen, bis die Knollen gar und knusprig sind. Inzwischen den Schnittlauch waschen, trocken schütteln und in Röllchen schneiden.

3 Den Schnittlauch unter die Kartoffeln mischen, mit Meersalz und Pfeffer bestreuen und sofort servieren. Die Kartoffeln schmecken als Hauptgericht oder als Beilage zu Kurzgebratenem.

Steinpilzkartoffeln

EINE PFANNE VOLL AROMA

Für 4 Personen:
700 g festkochende Kartoffeln
4 EL Butterschmalz
Salz
4 Knoblauchzehen
150 g Steinpilze
1 kleines Bund glatte Petersilie
schwarzer Pfeffer
Zubereitung: ca. 30 Min.
Pro Portion: ca. 200 kcal, 5 g EW, 10 g F, 22 g KH

1 Die Kartoffeln schälen, dünn hobeln, in ein Sieb geben und mit Wasser abspülen. Butterschmalz in einer großen Pfanne erhitzen und die tropfnassen Kartoffeln hineingeben. Salzen, kurz umrühren und zugedeckt 10 Min. bei mittlerer Hitze garen, bis die Kartoffeln bissfest sind.

2 Inzwischen den Knoblauch schälen und in feine Scheiben schneiden. Die Steinpilze putzen und in Scheiben schneiden. Petersilie waschen, trocken schütteln und die Blätter hacken.

3 Den Deckel von der Pfanne nehmen und die Kartoffeln offen 5 Min. ohne Wenden weiterbraten. Anschließend pfeffern und unter häufigem Wenden in 6–8 Min. rundum knusprig braten. Kartoffeln an den Pfannenrand schieben, im Bratfett die Pilze und den Knoblauch 1 Min. unter Wenden anbraten. Petersilie darüberstreuen und alles miteinander mischen, 1 weitere Min. braten und sofort servieren.

Nusskartoffeln

WIE VOM GUTEN GRIECHEN

Für 4 Personen:
100 g Haselnusskerne
4 Schalotten
700 g festkochende Kartoffeln
4 EL Pflanzenöl
1 Bund Dill
200 g Schafskäse (Feta)
½ TL brauner Zucker
Salz | weißer Pfeffer
Zubereitung: ca. 30 Min.
Pro Portion: ca. 495 kcal, 15 g EW, 37 g F, 26 g KH

1 Die Haselnusskerne grob hacken. Die Schalotten schälen und in Ringe schneiden. Kartoffeln schälen und in ca. 1 cm große Würfel schneiden.

2 Das Öl in einer großen Pfanne erhitzen und die Kartoffelwürfel darin 5–6 Min. bei mittlerer Hitze ohne Wenden braun anbraten. Haselnüsse und Schalotten dazugeben und alles 5 Min. unter häufigem Wenden weiterbraten.

3 Inzwischen den Dill waschen, trocken schütteln und die Dillspitzen hacken. Schafskäse zerbröckeln.

4 Den Zucker zu den Kartoffeln geben und diese bei starker Hitze 1–2 Min. unter Wenden fertig braten. Mit Dill bestreuen, salzen, pfeffern und noch einmal umrühren. Nusskartoffeln mit Käse bestreut servieren.

LINKS: STEINPILZKARTOFFELN | RECHTS: NUSSKARTOFFELN

KLASSISCHE BRATKARTOFFELN

BAUERNOMELETT

Für schön knusprige, aber immer noch saftige Bratkartoffeln braucht es die richtige Pfanne (siehe Tipp unten) und vor allem Geduld – denn nur wenn man am Anfang nicht rührt und wendet, wird zum Schluss alles gut.

Klassische Bratkartoffeln

Für 4 Personen:
600 g mittelgroße festkochende Kartoffeln
Salz
½ TL Kümmelkörner
4–5 EL Öl
schwarzer Pfeffer aus der Mühle
Zubereitung: ca. 50 Min.
Kochen: ca. 20 Min.
Kühlen: ca. 12 Std. über Nacht
Pro Portion: ca. 215 kcal, 2 g EW, 15 g F, 18 g KH

1 Am Vortag die Kartoffeln mit 1 TL Salz in einen Topf geben und knapp mit warmem Wasser bedecken. Kartoffeln zum Kochen bringen und bei mittlerer Hitze zugedeckt in 15–20 Min. bissfest garen.

2 Das Kochwasser aus dem Topf abgießen und die Kartoffeln im Topf auf der ausgeschalteten Herdplatte offen kurz ausdämpfen lassen. Die noch heißen Kartoffeln pellen und nebeneinandergelegt am besten über Nacht vollständig auskühlen lassen.

3 Am nächsten Tag die Kartoffeln in 5 mm dicke Scheiben schneiden. Eine große Pfanne (siehe Tipp unten) bei mittlerer Hitze erhitzen. Das Öl hineingießen und die Kartoffeln möglichst nebeneinander und nicht übereinander in der Pfanne verteilen. Kartoffeln 6–8 Min. ohne Wenden braten, sodass sie von einer Seite schön bräunen.

4 Die Kartoffeln wenden, Kümmel zugeben und weitere 4–5 Min. ohne Wenden braten, bis die andere Seite gebräunt ist. Salzen, pfeffern und die Bratkartoffeln noch 1–2 Min. unter Wenden fertig braten.

Tipp **Echte Bratkartoffel-Fans haben eine eigene Pfanne für ihre Leidenschaft. Sie hat mindestens einen Durchmesser von 28 cm, damit man die Kartoffeln nicht darin stapeln muss. Sie sollte schwer sein, damit die Hitze beim Braten gleichmäßig bleibt. Ideal ist eine beschichtete oder eine Eisenpfanne, wobei letztere oft benutzt, stets eingeölt und nie mit Spülmittel gewaschen wird – einfach nur trocken auswischen, mit heißem Wasser ausspülen und einölen.**

Warum findet man die perfekte Kombination von Bratkartoffeln, Schinken und Ei mit Gürkchen (immer dazu, nie darin!) nicht mehr so oft in Gasthäusern? Mit unserem Rezept können Sie zumindest ihren Gästen ein echtes Bauernomelett servieren. Und wenn's besonders sein soll, dann auf japanische Art – „tamago“ heißt das gestockte Ei, das man als Sushi auf Reis serviert bekommt.

Bauernomelett

Für 1 Person:
300 g gegarte Pellkartoffeln vom Vortag
1 Zwiebel
2 Scheiben gekochter Schinken
1 Bund Petersilie
2 EL Öl
Salz | schwarzer Pfeffer
3 Eier (Größe M)
1 EL Butter
Gewürzgurken
Zubereitung: ca. 30 Min.
Pro Portion: ca. 810 kcal, 48 g EW, 50 g F, 41 g KH

1 Die Kartoffeln pellen, vierteln und quer in 1 cm breite Stücke schneiden. Die Zwiebel schälen und würfeln. Den Schinken ebenfalls in Würfel schneiden. Die Petersilie waschen, trocken schütteln und die Blätter hacken.

2 Öl in einer beschichteten Pfanne erhitzen. Die Kartoffel- und Zwiebelwürfel darin verteilen, 5–6 Min. ohne Rühren braten, bis sie braun gebraten sind. Wenden und weitere 3–4 Min. braten, salzen, pfeffern und unter häufigem Wenden 2 Min. braten.

3 Eier verquirlen und salzen. Butter mit Schinken und Petersilie zu den Kartoffeln geben und kurz darin schwenken. Eier darübergießen und stocken lassen. Die Masse zu einem halbmondförmigen Omelett zusammenschieben. Noch 1 Min. zugedeckt stocken lassen, auf einen Teller gestürzt mit Gurken servieren.

Tamago-Omelett

Für 1 Person:
150 g gegartes Roastbeef in Scheiben
2 EL Sojasauce | 2 EL Reiswein
2 TL Zucker
300 g gegarte Pellkartoffeln vom Vortag
1 Stück frischer Ingwer (ca. 1 cm)
2 Frühlingszwiebeln | 2 EL Sonnenblumenöl
Salz | Pfeffer
3 Eier (Größe M)
Zubereitung: ca. 30 Min.
Pro Portion: ca. 965 kcal, 63 g EW, 49 g F, 59 g KH

1 Roastbeef quer in 2 cm breite Streifen schneiden. 1 EL Sojasauce, 1 EL Reiswein und 1 TL Zucker miteinander verrühren, das Roastbeef darin marinieren.

2 Die Kartoffeln pellen, halbieren und in Scheiben schneiden. Ingwer schälen und fein hacken. Frühlingszwiebeln putzen, waschen und in Ringe schneiden. 1 EL Öl in einer Pfanne erhitzen. Kartoffeln darin verteilen, 5 Min. anbraten. Frühlingszwiebeln und Ingwer dazugeben, Kartoffeln wenden und 3–4 Min. weiterbraten. Abgetropftes Roastbeef dazugeben, salzen, pfeffern und unter Wenden 2 Min. braten.

3 Eier mit 1 EL Sojasauce, 1 EL Reiswein und 1 TL Zucker verquirlen, 1 EL Öl in die Pfanne geben, Eier über die Kartoffeln gießen und leicht stocken lassen. Die Masse zu einem halbmondförmigen Omelett zusammenschieben. Noch 1 Min. zugedeckt stocken lassen, auf einen Teller stürzen und servieren.

Geschnetzeltes in Kartoffel-Lauch-Sauce

HIER STECKT DIE KNOLLE IM DETAIL

Für 4 Personen:
300 g vorwiegend festkochende Kartoffeln
400 ml Gemüsefond (aus dem Glas)
150 g Sahne
2 TL mittelscharfer Senf
Salz
1 Stange Lauch
500 g Schweinefilet
2 EL Öl
2 EL Butter
Pfeffer
50 ml trockener Weißwein (ersatzweise Gemüsefond aus dem Glas)
50 g würziger Käse (z. B. alter Gouda)
Zubereitung: ca. 1 Std.
Pro Portion: ca. 435 kcal, 33 g EW, 27 g F, 12 g KH

1 Die Kartoffeln schälen und in 1 cm große Würfel schneiden. Den Gemüsefond erhitzen und die Kartoffeln darin zugedeckt bei mittlerer Hitze in 12–15 Min. bissfest garen. 4 EL Kartoffeln herausnehmen und beiseitestellen, restliche Kartoffeln weich garen und in der Brühe zerstampfen. Sahne und Senf zugeben, unterrühren und salzen.

2 Inzwischen die Lauchstange halbieren, waschen und putzen. Den Lauch quer in dünne Scheiben schneiden. Das Schweinefilet in 1 cm breite Streifen schneiden.

3 In einer großen Pfanne 1 EL Öl erhitzen. Die Hälfte des Fleischs zugeben, 1 Min. anbraten, wenden und 1 weitere Min. braten. Fleisch herausnehmen, salzen, pfeffern. Übriges Fleisch genauso zubereiten. Das Fleisch abgedeckt auf einem Teller beiseitestellen.

4 Die Butter in der Pfanne erhitzen und den Lauch darin 1 Min. andünsten. Mit Salz und Pfeffer würzen. Mit Wein ablöschen und 2–3 Min. fast vollständig einkochen lassen. Den Käse reiben. Beiseitegestellte Kartoffelwürfel, die Kartoffelsauce und den Käse dazugeben und unter Rühren aufkochen, das Fleisch zugeben und erhitzen, aber nicht mehr kochen. Geschnetzeltes noch mal abschmecken und servieren.

Tipp **Bei der Zubereitung von Geschnetzeltem kann das Fleisch zu Beginn ruhig rosa gebraten werden, da es zum Schluss der Zubereitung in der Sauce noch etwas gart. Dann aber nicht mehr kochen, sonst wird das Fleisch zäh.**

Kotelettpfanne

MIT GANZ VIEL LAMM-AROMA

Für 4 Personen:
12 Lammkoteletts (à ca. 60 g)
3 Knoblauchzehen
6 EL Olivenöl
1 TL getrocknetes Bohnenkraut
500 g kleine festkochende Kartoffeln mit dünner Schale
Salz
300 g grüne Bohnen
1 Zwiebel
200 ml Gemüsebrühe
Pfeffer

Zubereitung: ca. 1 Std. 15 Min.
Pro Portion: ca. 645 kcal, 40 g EW, 45 g F, 19 g KH

1 Das helle Lammfett entlang der langen Kotelettknochen herunterschneiden und würfeln. Knoblauch schälen und fein würfeln. 4 EL Öl mit Knoblauch und Bohnenkraut mischen. Die Koteletts damit einreiben.

2 Die Kartoffeln gründlich waschen und in Salzwasser bei mittlerer Hitze zugedeckt in ca. 15 Min. bissfest garen. Abgießen und vierteln.

3 Die Bohnen waschen, putzen und in 3 cm lange Stücke schneiden. Zwiebel schälen und würfeln. 2 EL Öl in einem Topf erhitzen und die Zwiebel darin glasig dünsten. Die Bohnen dazugeben und 1 Min. mitdünsten. Brühe zugießen und die Bohnen offen in 8–10 Min. bissfest garen, bis die Flüssigkeit vollständig eingekocht ist.

4 In einem Wok oder einer großen Pfanne das Lammkotelettfett langsam zerlassen. Die Hitze erhöhen und die Kartoffeln darin 2 Min. ohne Wenden stark anbraten, anschließend 2 Min. unter Rühren weiterbraten. Salzen, pfeffern und herausnehmen.

5 Die Koteletts abtropfen lassen, salzen, pfeffern und im Bratfett auf beiden Seiten je 1–2 Min. braten, herausnehmen. Bohnen darin 1 Min. anbraten. Kartoffeln und Lamm dazugeben und unter Rühren alles noch 1–2 Min. braten, abschmecken und sofort servieren.

Fish ‘n’ Chips

SO TOLL KANN ENGLAND SCHMECKEN

Für 4 Personen:
4 festfleischige weiße Fischfilets (à 150 g, z. B. Kabeljau oder Rotbarsch)
1 Bio-Zitrone
weißer Pfeffer
1 Ei (Größe M)
130 g Mehl
70 g Kartoffelstärke
Salz
700 g kleine festkochende Kartoffeln mit dünner Schale
ca. 3 kg pflanzliches Frittierfett
Zubereitung: ca. 1 Std.
Pro Portion: ca. 545 kcal, 34 g EW, 19 g F, 58 g KH

1 Den Fisch waschen und trocken tupfen. Zitrone heiß abwaschen und in 6 Spalten schneiden. 2 Spalten auspressen und den Fisch mit dem Saft einreiben und pfeffern. Das Ei trennen. Eigelb mit 250 ml Wasser, 100 g Mehl, Stärke und Salz verrühren.

2 Die Kartoffeln gründlich waschen und der Länge nach vierteln. In einer Fritteuse oder in einem großen Topf die Hälfte des Fetts auf 150° erhitzen (siehe Tipp Seite 81). Die Kartoffelviertel darin portionsweise 2–3 Min. frittieren, bis sie zu bräunen beginnen. Herausheben und abtropfen lassen. Dabei keinesfalls zu viele Kartoffelviertel auf einmal frittieren, weil sonst das Fett zu sehr abkühlt und die Chips sich dann mit Fett vollsaugen.

3 In einer weiteren Fritteuse oder einem zweiten Topf für den Fisch das übrige Fett auf 170° erhitzen (siehe Tipp Seite 81). Das Kartoffelfett ebenfalls auf 170° erhitzen. Das restliche Mehl auf einen tiefen Teller geben. Filets salzen, im Mehl wenden, leicht abklopfen und durch den Teig ziehen. Je 2 Fischfilets im heißen Fett 3–4 Min. frittieren. Inzwischen die Chips portionsweise im Kartoffelfett ein weiteres Mal fertig frittieren, bis sie goldbraun und knusprig sind, salzen. Fish ‘n’ Chips mit Zitronenspalten servieren.

Gut zu wissen „Chips“ werden unsere Pommes frites in England genannt, auch in der rustikalen Version wie hier. An die kommt traditionell Malzessig, der beim klassischen Servieren in Zeitungspapier schon einmal die Druckerschwärze zum Fließen bringen kann. Gerne wird auch Remoulade oder Sauce Tatare (eine Remoulade mit gekochten Eierwürfeln) zu Chips serviert.

Tanzkurse für Paare

Frittierte Beilagen und ein Nachtisch!

Pommes frites

Für 4 Personen | Zubereitung: ca. 45 Min.
Pro Portion: ca. 150 kcal, 2 g EW, 8 g F, 18 g KH

1 kg pflanzliches Frittierfett in einem weiten Topf auf 150–160 ° erhitzen. 600 g festkochende Kartoffeln schälen und in 1 cm dicke Stäbchen schneiden. Stäbchen portionsweise im heißen Fett 2–3 Min. garen, bis sie beginnen Farbe anzunehmen. Herausnehmen und abtropfen lassen. Fett auf 170° erhitzen (siehe Tipp). Kartoffeln nun in größeren Portionen im heißen Fett 4–5 Min. goldgelb frittieren. Auf Küchenpapier abtropfen lassen, salzen und als Beilage servieren.

Süße Streichholzkartoffeln

Für 4 Personen | Zubereitung: ca. 45 Min.
Pro Portion: ca. 165 kcal, 2 g EW, 8 g F, 22 g KH

1 kg pflanzliches Frittierfett auf 170° (siehe Tipp) erhitzen. 600 g festkochende Kartoffeln schälen, erst in 5 mm dicke Scheiben schneiden, dann quer in 5 mm lange Stifte schneiden. 1 EL Vanillezucker mit ½ TL gemahlenem Ingwer, der abgeriebenen Schale von ¼ Bio-Orange sowie 1 kleinen Prise Salz mischen. Die Streichholzkartoffeln im heißen Fett portionsweise in 2–3 Min. goldgelb und knusprig braten, dann in einer großen Schüssel mit dem Ingwerzucker mischen und servieren. Dazu schmeckt Beerenpüree.

Tipp **Wer keine Fritteuse besitzt, kann die Gradzahl wie folgt ermitteln: Wenn man den Stiel eines Holzlöffels ins Frittierfett hält und an ihm Bläschen wie in einem Sektglas aufsteigen, sind 170° erreicht. 150° hat man ungefähr, wenn eine Kartoffelscheibe im heißen Fett mehr kocht als brät und nach ca. 3 Min. zu bräunen beginnt.**

Kartoffel-Pakora

Für 4 Personen | Zubereitung: ca. 45 Min.
Pro Portion: ca. 545 kcal, 18 g EW, 23 g F, 66 g KH

1 kg festkochende Kartoffeln sehr gründlich waschen und in Salzwasser in 20 Min. knapp bissfest garen, auskühlen lassen. Inzwischen ½ TL Kreuzkümmelkörner zermahlen, mit 1 TL Currypulver, ½ TL Kurkuma, ½ TL edelsüßem Paprikapulver und 1 Msp. Cayennepfeffer in einer Pfanne ohne Fett 30 Sek. anrösten, bis es duftet. 250 g Kichererbsenmehl (Asienladen; ersatzweise Weizenmehl Type 405) mit Gewürzen, 1 TL Backpulver und 1 TL Salz vermischen. Nach und nach mit 2 EL Öl und 250 ml Wasser zu einem glatten Teig verrühren. 4 Stiele Koriandergrün (ersatzweise glatte Petersilie) waschen, trocken schütteln, Blätter hacken und in den Teig rühren. Alles 30 Min. quellen lassen. 1,5 kg pflanzliches Frittierfett in einem weiten Topf auf 170° erhitzen (siehe Tipp). Die Kartoffeln längs in dünne Scheiben schneiden. Scheiben nacheinander durch den Teig ziehen, abtropfen lassen und in dem heißen Fett 1–2 Min. frittieren, bis sie auf der Unterseite goldgelb und knusprig sind, wenden und dann weitere 1–2 Min. frittieren. Auf Küchenpapier abtropfen lassen und servieren. Dazu passt Gurkensalat.

Blue Chips

Für 4 Personen | Zubereitung: ca. 45 Min.
Pro Portion: ca. 270 kcal, 8 g EW, 18 g F, 19 g KH

1 Bund Basilikum waschen, trocken schütteln und die Blättchen hacken. 100 g Gorgonzola mit der Gabel zerdrücken und mit 100 g saurer Sahne mischen, salzen und pfeffern. 1 kg pflanzliches Frittierfett in einem großen Topf auf 170° erhitzen (siehe Tipp). 600 g blaue Kartoffeln (z. B. Vitellote bzw. Trüffelkartoffeln) schälen und in dünne Scheiben schneiden. Die Kartoffelscheiben portionsweise im heißen Fett 2–3 Min. frittieren, bis sie knusprig sind. Herausheben, auf Küchenpapier abtropfen lassen. Chips salzen und mit der Gorgonzolacreme als Beilage servieren.

Karamellbratkartoffeln mit Früchten

MEHLSPEISE OHNE MEHL

Für 4 Personen:
500 g kleine festkochende Kartoffeln
3 EL Öl
Salz
250 g Erdbeeren
2 Nektarinen
6 EL Zucker
2 EL Butter
½ TL Zimtpulver
400 g Dickmilch
Zubereitung: ca. 35 Min.
Pro Portion: ca. 400 kcal, 6 g EW, 14 g F, 50 g KH

1 Die Kartoffeln schälen und in 5 mm dicke Scheiben schneiden. Kartoffelscheiben in einem Sieb kalt abspülen. In einer beschichteten Pfanne, zu der es einen passenden Deckel gibt, das Öl erhitzen. Die tropfnassen Kartoffeln hineingeben, mit ¼ TL Salz bestreuen und bei mittlerer Hitze zugedeckt in 8–10 Min. bissfest dünsten.

2 Inzwischen die Früchte waschen, putzen und trocken tupfen. Die Erdbeeren halbieren. Die Nektarinen ebenfalls halbieren, den Stein entfernen und jede Hälfte in 4 Spalten schneiden. Früchte mit 2 EL Zucker mischen und beiseitestellen.

3 Den Deckel von der Pfanne abnehmen, die Kartoffeln sollten noch Biss haben. Kartoffeln 6 Min. ohne Wenden offen braten lassen, bis sie von unten braun gebraten sind. Wenden und weitere 4 Min. braten. Dann Butter und 2 EL Zucker zugeben und die Kartoffeln bei starker Hitze unter häufigem Wenden karamellisieren.

4 Den Zimt mit 2 EL Zucker mischen. Die Kartoffeln mit den Früchten und Dickmilch auf Tellern anrichten und mit Zimtzucker servieren. Dazu schmeckt auch ein Kompott aus Beeren, Zwetschgen oder Äpfeln.

Tipp **Wenn Erdbeeren keine Saison haben, kann man auch Pfirsich- oder Aprikosenspalten zuckern.**

Gefu
INOX

Gerieben und geschupft

Kartoffelpuffer mit Lachstatar

SCHARF UND KNUSPRIG

Für 4 Personen:
Für das Tatar:
100 g Möhren
2 Frühlingszwiebeln
400 g frisches Lachsfilet (ohne Haut)
1 Stück frischer Meerrettich (ca. 1 cm)
½ Bio-Limette
1 TL Dijon-Senf
2 EL Olivenöl
Salz | Zucker
Für die Puffer:
1 kleine Zwiebel
600 g mehligkochende Kartoffeln
Salz | Pfeffer
4 EL Butterschmalz oder Öl
Außerdem:
2 Handvoll Eiswürfel
Zubereitung: ca. 1 Std.
Kühlen: ca. 30 Min.
Pro Portion: ca. 440 kcal, 22 g EW, 30 g F, 20 g KH

1 Für das Tatar die Möhren schälen und in feine Streifen schneiden, Frühlingszwiebeln waschen, putzen und in feine Ringe schneiden. Das Gemüse mit dem Eis vermischt 30 Min. kühl stellen, sodass es einen knackig-frischen „Biss" bekommt, anschließend in ein Sieb abgießen und abtropfen lassen.

2 Inzwischen Lachsfilet wenn nötig von Gräten befreien, in dünne Scheiben schneiden und diese fein hacken. Den Meerrettich schälen und fein reiben. Limette heiß waschen, abtrocknen und die Schale abreiben, den Saft auspressen und mit der Limettenschale, Senf und Olivenöl zu einem Dressing verrühren.

3 Für die Puffer die Zwiebel schälen. Die Kartoffeln schälen und mit der Zwiebel nicht zu fein reiben. Die Masse in ein Küchentuch geben und so ausdrücken, dass sie noch etwas feucht ist, salzen und pfeffern.

4 Das Fett in einer Pfanne bei mittlerer Hitze erwärmen. Mit einem Esslöffel jeweils etwas Kartoffelmasse in das Fett setzen und zu einem Puffer glatt streichen. Die Puffer portionsweise in etwa 3–5 Min. auf beiden Seiten knusprig braten und im Ofen bei 100° warm halten.

5 Lachs, Möhren und Frühlingszwiebeln mit dem Meerrettich und Limettendressing mischen, mit Salz und 1 Prise Zucker würzen. Das Lachstatar auf den Puffern angerichtet servieren.

Zuckerschoten-Puffer mit Dip

MIT EIN WENIG ASIA-AROMA

Für 4 Personen:
100 g saure Sahne
Saft von 1 Zitrone
1 EL Wasabi-Paste (Asienladen)
1 EL Puderzucker | Salz
200 g Zuckerschoten
4 Frühlingszwiebeln
1 EL Sesamsamen
750 g mehligkochende Kartoffeln
2 Eigelb | Pfeffer
evtl. 2–3 EL Mehl
8 EL Butterschmalz oder Öl
Zubereitung: ca. 1 Std.
Pro Portion: ca. 400 kcal, 8 g EW, 28 g F, 29 g KH

1 Für den Dip saure Sahne, Zitronensaft, Wasabi, Puderzucker und 1 kräftige Prise Salz verrühren.

2 Zuckerschoten putzen, waschen und quer in feine Streifen schneiden. Frühlingszwiebeln längs halbieren, putzen, waschen und in dünne Scheiben schneiden. Sesamsamen in einer Pfanne ohne Fett anrösten.

3 Kartoffeln schälen, grob reiben und in einem Küchentuch etwas ausdrücken. Frühlingszwiebeln, Zuckerschoten, Sesam und die Kartoffeln mit den Eigelben mischen, salzen und pfeffern. Falls die Masse nicht richtig bindet, etwas Mehl unterkneten.

4 Das Fett in einer Pfanne bei mittlerer Hitze erhitzen. Mit einem Esslöffel jeweils etwas Puffermasse in das Fett setzen und glatt streichen. Puffer portionsweise in 3–5 Min. auf beiden Seiten knusprig braten und mit dem Dip servieren.

Dätscher mit pikantem Kompott

PUFFER AUF DIE NEUE THÜRINGER ART

Für 4 Personen:
250 g Sauerkirschen (aus dem Glas)
3 Orangen | 2 TL Speisestärke
1 TL schwarze Pfefferkörner
150 ml Rotwein (ersatzweise Kirschsaft)
3 EL Zucker | 2 Eier (Größe M)
2 EL saure Sahne
2 EL feine Haferflocken
700 g mehligkochende Kartoffeln
1 Zwiebel
Salz | Öl zum Braten
Zubereitung: ca. 45 Min.
Pro Portion: ca. 387 kcal, 8 g EW, 14 g F, 49 g KH

1 Kirschen in ein Sieb abgießen, den Saft dabei auffangen. 1 Orange auspressen, die übrigen so schälen, dass die weiße Haut entfernt ist. Filets zwischen den Trennhäuten herausschneiden und würfeln.

2 Die Stärke mit Orangensaft glatt rühren. Pfeffer grob zerdrücken, mit Wein, 100 ml Kirschsaft und Zucker 5 Min. bei kleiner Hitze kochen. Früchte und Stärke einrühren und 1 Min. weiterkochen. Abkühlen lassen. Inzwischen die Eier trennen. Eigelbe, saure Sahne und Haferflocken vermischen und 10 Min. quellen lassen. Die Kartoffeln und Zwiebel schälen, beides fein reiben. Die Masse in einem Küchentuch möglichst trocken ausdrücken, mit der Eiersahne verrühren, salzen.

3 Eiweiß mit 1 Prise Salz steif schlagen, unter die Kartoffeln heben. 1 Fingerbreit Öl in einer Pfanne erhitzen, je einen Esslöffel Masse hineinsetzen und glatt streichen. Dätscher portionsweise in 3–5 Min. auf beiden Seiten bei mittlerer Hitze goldbraun braten und mit dem Kompott servieren.

ZUCKERSCHOTEN-PUFFER MIT DIP

DÄTSCHER MIT PIKANTEM KOMPOTT

SCHWEIZER RÖSTI MIT ZÜRICHER GESCHNETZELTEM

MÖHREN-CURRY

„Rööschti" mit langem Ö ist neben Käsefondue und dem Klassiker rechts der berühmteste Beitrag der Schweiz zur Weltküche. Perfekt ist sie, wenn sie aus noch nicht ganz durchgegarten Kartoffeln gebraten wird – knusprig und saftig zugleich.

Schweizer Rösti

Für 2 Personen:
700 g festkochende Kartoffeln
Salz
5 EL Öl
Pfeffer
Zubereitung: ca. 1 Std.
Kochen: ca. 20 Min.
Kühlen: ca. 12 Std. über Nacht
Pro Portion: ca. 460 kcal, 6 g EW, 31 g F, 42 g KH

1 Die Kartoffeln am Vortag waschen und in kochendem Salzwasser in 15–20 Min. knapp bissfest garen, sodass sie noch einen festen Kern haben. Abgießen und die Kartoffeln über Nacht vollständig abkühlen lassen.

2 Am nächsten Tag die Kartoffeln pellen und grob reiben. Den Backofen auf 100° vorheizen. Für die Rösti 3 EL Öl in einer großen beschichteten Pfanne erhitzen. Die geriebenen Kartoffeln darin verteilen und bei kleiner Hitze 3 Min. anbraten, ohne Wenden. Dann die Hitze erhöhen und die Kartoffeln unter gelegentlichem Wenden 3 Min. weiterbraten, sodass sie zum Teil etwas knusprig sind, aber nicht völlig trocken werden. Mit Salz und Pfeffer würzen.

3 Mit der Palette eine Rösti formen: Dazu die Masse in der Pfanne glatt streichen, sodass sie in der Mitte ca. 1–2 cm dick und an den Rändern glatt und etwas abgeflacht ist. Von der Seite noch 1 EL Öl unter die Rösti laufen lassen und in ca. 5 Min. bei mittlerer Hitze auf einer Seite knusprig braten.

4 Dann die Rösti auf einen Teller oder einen Deckel ohne Rand gleiten lassen. 1 EL Öl in der Pfanne zerlassen und die Rösti mit der knusprigen Seite nach oben wieder in die Pfanne geben. In 3–5 Min. die zweite Seite knusprig braten. Im Ofen bis zum Servieren warm stellen. Die Rösti kann gut als Beilage zu Geschnetzeltem oder Möhren-Curry serviert werden.

Wo eine Rösti ist, sind Gerichte mit viel Sauce nicht weit. Und am nächsten ist ihr dabei das zarte Filetragout, das nach der Schweizer Hauptstadt benannt ist. Wichtig bei der Zubereitung: Das Fleisch nur kurz braten und in der Sauce nicht mehr kochen, damit es nicht trocken wird. Wichtiger als Fleisch ist der Rösti aber die Sauce, weswegen sie auch prima mit vegetarischem Curry harmoniert.

Züricher Geschnetzeltes

Für 4 Personen:
600 g Kalbfleisch aus der Nuss
250 g Champignons
3 Schalotten
2 EL Öl
Salz | weißer Pfeffer
1 EL Butter
150 ml trockener Weißwein
300 g Sahne
Zubereitung: ca. 30 Min.
Pro Portion: ca. 490 kcal, 35 g EW, 34 g F, 5 g KH

1 Fleisch der Faser nach in Scheiben und quer dazu in Streifen schneiden. Pilze putzen, Stiele entfernen. Schalotten schälen, halbieren, in Streifen schneiden.

2 In einer großen Pfanne 1 EL Öl erhitzen. Die Hälfte des Fleisches dazugeben, 30 Sek. anbraten, wenden und weitere 30 Sek. braten. Fleisch herausnehmen, salzen und pfeffern. Das übrige Fleisch genauso zubereiten.

3 Im Bratensatz die Butter schmelzen, Schalotten darin 1 Min. dünsten. Die Hitze erhöhen, Pilze dazugeben und 1 Min. braten, salzen und pfeffern. Mit dem Wein ablöschen und 1 Min. einkochen lassen. Die Sahne dazugießen und cremig einkochen. Das Fleisch in der Sauce erwärmen, aber nicht mehr kochen. Abschmecken, mit der Rösti servieren.

Möhren-Curry

Für 4 Personen:
1 Zwiebel
1 Knoblauchzehe
1 Stück frischer Ingwer (ca. 2 cm)
1 Limette
600 g Möhren
1 Bund Rucola
250 ml Kokosmilch (aus der Dose)
1 EL rote Currypaste
½ TL Zucker
Salz
4 EL Sojasauce
Zubereitung: ca. 30 Min.
Pro Portion: ca. 170 kcal, 5 g EW, 11 g F, 13 g KH

1 Zwiebel, Knoblauch und Ingwer schälen und fein würfeln. Limette heiß waschen, abtrocknen und die Schale abreiben, den Saft auspressen. Die Möhren schälen, längs halbieren und quer in dünne Scheiben schneiden. Rucola putzen und waschen, trocken schütteln und grob hacken.

2 Den festen Rahm der Kokosmilch in der Pfanne oder im Wok mit Zwiebel, Knoblauch, Ingwer, Currypaste und Limettenschale bei mittlerer Hitze 1 Min. andünsten.

3 Möhren und Zucker dazugeben und 1 Min. mitdünsten, die übrige Kokosmilch dazugießen, leicht salzen und 2 Min. weitergaren. Rucola und Sojasauce zugeben und kurz erwärmen. Mit der Rösti servieren.

Kartoffel-Kräuter-Crêpes

EIN GRUSS AUS DER FEINEN KÜCHE

Für 4 Stück:
500 g mehligkochende Kartoffeln
Salz
2 Eier (Größe M)
1 EL Speisestärke
200 g Crème fraîche
1 Bund Schnittlauch
1 Handvoll Kerbel (ca. 50 g)
weißer Pfeffer
100 g aromatischer Käse (z. B. Gruyère oder Raclette-Käse)
4 EL Butter
Zubereitung: ca. 1 Std.
Kochen: ca. 25 Min.
Pro Stück: ca. 480 kcal, 13 g EW, 39 g F, 20 g KH

1 Die Kartoffeln waschen und mit 1 TL Salz in kochendem Wasser bei mittlerer Hitze zugedeckt in 20–25 Min. bissfest garen. Abgießen und heiß pellen, dann vollständig auskühlen lassen.

2 Die Kartoffeln fein reiben. Eier, Stärke und Crème fraîche verrühren. Die Kräuter waschen und trocken schütteln. Schnittlauch in Röllchen schneiden. Kerbel von den Stielen zupfen. Kartoffeln, Eiermischung und Kräuter verrühren. Mit Salz und Pfeffer abschmecken. Den Käse reiben.

3 Für jeden Crêpe 1 EL Butter in einer beschichteten Pfanne zerlassen und ein Viertel der Masse darin zu einem hauchdünnen Crêpe verlaufen lassen. Bei mittlerer Hitze in 2–3 Min. bräunen, vorsichtig wenden und 2–3 Min. weiterbraten. Ein Viertel Käse über den Crêpe streuen und warm stellen. Die restlichen Crêpes ebenso zubereiten.

Potatoe-Pancakes

SNACK ODER BEILAGE

Für 8 Stück:
300 g vorwiegend festkochende Kartoffeln
Salz
100 ml Milch
5 EL Mehl
1 TL Backpulver
1 Ei (Größe M)
2 EL Butter
Zubereitung: ca. 45 Min.
Pro Stück: ca. 80 kcal, 3 g EW, 3 g F, 10 g KH

1 Die Kartoffeln schälen und vierteln. In einen kleinen Topf geben, 1/4 TL Salz zugeben und knapp mit Wasser bedecken. Kartoffeln bei mittlerer Hitze zugedeckt in ca. 15 Min. bissfest garen.

2 Inzwischen die Milch lauwarm erhitzen. Mehl und Backpulver mischen, mit dem Ei zu einem glatten Teig verrühren, erst dann die Milch einrühren.

3 Das Kartoffelwasser abgießen und die Kartoffeln im Topf auf dem Herd kurz ausdämpfen lassen. Mit dem Kartoffelstampfer zerstampfen – es können ruhig einige Stückchen darin bleiben. Die Kartoffelmasse unter den Teig rühren und salzen.

4 Eine große beschichtete Pfanne erhitzen und 1 EL Butter darin zerlassen. Viermal je 2 EL Teig in die Pfanne setzen, sodass handtellergroße runde Pfannkuchen entstehen. Die Potatoe-Pancakes auf einer Seite in 2–3 Min. goldgelb braten, wenden und in 1–2 Min. fertig braten. Aus dem restlichen Teig genauso 4 weitere Pancakes zubereiten.

LINKS: POTATOE-PANCAKES | RECHTS: KARTOFFEL-KRÄUTER-CRÊPES

Pommes macaire

EIERFREI UND RICHTIG GUT

Für 4 Personen:
700 g mehligkochende Kartoffeln
Salz
1 Zwiebel
100 g durchwachsener Räucherspeck
1 Bund Petersilie
3–4 EL Öl
70–100 g Mehl
weißer Pfeffer
Außerdem:
Mehl zum Bearbeiten
Zubereitung: ca. 1 Std. 15 Min.
Pro Portion: ca. 420 kcal, 8 g EW, 26 g F, 39 g KH

1 Die Kartoffeln gründlich waschen und mit 1 TL Salz in einen Topf geben, knapp mit Wasser bedecken und bei mittlerer Hitze zugedeckt in 20–25 Min. bissfest garen.

2 Inzwischen die Zwiebel schälen und würfeln. Den Speck ebenfalls würfeln. Die Petersilie waschen, trocken schütteln und die Blätter hacken. In einer Pfanne 2 EL Öl erhitzen, Speck und Zwiebel zugeben und darin andünsten, Petersilie unterrühren und beiseitestellen.

3 Die Kartoffeln abgießen, noch heiß pellen und sofort zerstampfen. Stampfkartoffeln mit der Speckmischung und so viel Mehl vermengen, dass eine formbare, aber nicht zu feste Masse entsteht. Diese auf einer bemehlten Arbeitsfläche mit bemehlten Händen zu einer ca. 5 cm dicken Rolle formen und vollständig auskühlen lassen.

4 Die Rolle in fingerdicke Scheiben schneiden. In einer beschichteten Pfanne 1 EL Öl erhitzen und die Pommes macaire darin auf jeder Seite in 2–3 Min. braun anbraten. Nicht zu viel Öl nehmen, sonst lösen sie sich darin auf.

Tipp An klassische Pommes macaire kommt kein Ei. Die in der Schale gegarten mehligkochenden Kartoffeln sorgen mit dem Mehl für genug Bindung und vor allem für puren Geschmack. Wichtig ist, dass die Scheiben in ganz wenig Fett gebraten werden – schon wenn das Öl nur wenige Millimeter hoch in der Pfanne steht, kann sich die Bratoberfläche auflösen. Traditionell wird dafür die Schwarte vom Speck ausgelassen, damit sich nur ein dünner Fettfilm in der Pfanne bildet. Dabei drohen jedoch die Pommes macaire festzukleben – deshalb nehmen wir Öl und am besten eine beschichtete Pfanne.

HERZOGINKARTOFFELN

KROKETTEN

Herzoginkartoffeln

POMMES DUCHESSE, DIE FRANZÖSISCHE KROKETTE

Für 4–6 Personen:
700 g mehligkochende Kartoffeln | Salz
3 Eigelb | weißer Pfeffer | 6 EL Sahne
Außerdem:
Butter für das Blech
Zubereitung: ca. 50 Min.
Kochen: ca. 25 Min.
Pro Portion (bei 6 Portionen):
ca. 145 kcal, 4 g EW, 8 g F, 14 g KH

1 Die Kartoffeln waschen und mit 1 TL Salz bei mittlerer Hitze zugedeckt in 20–25 Min. garen. Die Kartoffeln abgießen, heiß pellen und durch die Presse drücken oder fein zerstampfen. Die heiße Masse mit 2 Eigelben mischen, salzen und pfeffern.

2 Ein Blech mit Butter fetten. Die Kartoffelmasse in einen Spritzbeutel mit Sterntülle füllen und 4–5 cm hohe Rosetten aufs Blech spritzen. Abkühlen lassen.

3 Den Ofen auf 200° vorheizen. Übriges Eigelb mit der Sahne verrühren und über die Pommes Duchesse träufeln. Im heißen Ofen (Mitte, Umluft 180°) 10–15 Min. garen, bis die Kartoffelrosetten leicht gebräunt sind. Passt gut zu Gerichten mit viel Sauce wie einem Schmorbraten, zu Geschnetzeltem oder einem Ragout.

Tipp **In manchen Lokalen bekommt man frittierte TK-Teigrosetten als Pommes Duchesse serviert, die mit dem Original oben nichts gemein haben, denn so etwas würde eine echte Herzogin (Deutsch für „Duchesse") nie akzeptieren. Echte Herzoginkartoffeln werden zwar aus Krokettenmasse gespritzt (gestampfte oder passierte Kartoffeln, die noch heiß mit Eigelb gebunden werden), aber stets im Ofen fein gemacht.**

Kroketten

BEILAGE, DIE VIEL SAUCE MAG

Für 4–6 Personen:
700 g mehligkochende Kartoffeln
Salz
2 Eier (Größe M)
weißer Pfeffer
100 g Mehl
1 TL Pflanzenöl
200 g Semmelbrösel
1,5 kg pflanzliches Frittierfett
Außerdem:
Mehl zum Bearbeiten
Zubereitung: ca. 1 Std.
Kochen: ca. 25 Min.
Pro Portion (bei 6 Portionen): ca. 315 kcal, 10 g EW, 8 g F, 26 g KH

1 Kartoffeln waschen und mit 1 TL Salz bei mittlerer Hitze zugedeckt in 20–25 Min. garen. Eier trennen. Kartoffeln abgießen, heiß pellen und durch die Presse drücken oder fein zerstampfen. Die heiße Masse mit den Eigelben mischen, salzen und pfeffern.

2 Die Masse in einen Spritzbeutel ohne Tülle füllen und zu gut daumendicken Rollen auf die bemehlte Arbeitsfläche spritzen. Die Rolle in ca. 4 cm lange Stücke schneiden und vollständig auskühlen lassen.

3 Mehl in eine Schüssel geben. In einer zweiten Schüssel Eiweiß mit dem Öl verrühren und in die dritte Schüssel die Semmelbrösel geben. Das Frittierfett auf 175° erhitzen. Die Kartoffelstücke erst in Mehl, dann im Eiweiß und zuletzt in den Bröseln wenden, bis sie rundum paniert sind.

4 Im heißen Frittierfett (siehe Tipp Seite 81) die Kroketten in 4–5 Min. goldbraun ausbacken, herausheben und auf Küchenpapier abtropfen lassen.

Schupfnudeln mit Sauerkraut

EIN KLASSIKER AUS DEM SCHWARZWALD: „BUBESPITZLE MIT SCHUKRUT“

Für 4–6 Personen:
1 kg mehligkochende Kartoffeln
Salz
1 Ei (Größe M)
70–100 g Mehl
1 Zwiebel
4 EL Schweineschmalz
Zucker
600 g Sauerkraut (aus der Dose)
200 g durchwachsener Räucherspeck
Zubereitung: ca. 1 Std. 10 Min.
Kochen: ca. 25 Min.
Kühlen: ca. 12 Std. über Nacht
Pro Portion (bei 6 Portionen): ca. 445 kcal, 10 g EW, 30 g F, 33 g KH

1 Kartoffeln waschen und in kochendem Salzwasser bei mittlerer Hitze zugedeckt in 20–25 Min. bissfest garen, heiß pellen und über Nacht gründlich auskühlen lassen. Die Kartoffeln fein reiben, das Ei und 1 kräftige Prise Salz unterrühren und so viel Mehl dazugeben, bis der Teig nicht mehr klebt.

2 Mit dem Teelöffel walnussgroße Klößchen von der Kartoffelmasse abstechen und diese zwischen den Handflächen zu fingerdicken Röllchen mit spitzem Ende drehen. Röllchen auf einem bemehlten Blech beiseitestellen.

3 Zwiebel schälen, halbieren und in Streifen schneiden. In einem Topf 2 EL Schmalz mit 1 Prise Zucker erhitzen und die Zwiebel darin 2 Min. andünsten. Sauerkraut dazugeben und erhitzen.

4 Einen großen Topf zu drei Vierteln mit Wasser füllen, salzen und zum Kochen bringen. Die Schupfnudeln hineingeben und so lange im Wasser gar ziehen lassen, bis sie oben schwimmen, dann herausnehmen und gut abtropfen lassen.

5 Den Speck würfeln. In einer großen Pfanne 2 EL Schmalz erhitzen, den Speck dazugeben und bei mittlerer Hitze ca. 2 Min. knusprig auslassen. Die Schupfnudeln zugeben und von allen Seiten 2–3 Min. braun anbraten. Das Sauerkraut wenn nötig in einem Sieb abtropfen lassen, untermischen und zugedeckt noch 2 Min. ziehen lassen.

Kräuter-Schupfnudeln

GRÜNES GESCHMACKSWUNDER

Für 4–6 Personen:
1 kg mehligkochende Kartoffeln
Salz
1 Ei (Größe M)
70–100 g Mehl
1 Bund Petersilie
1 Bund Basilikum
1 Bund Schnittlauch
½ Bio-Zitrone
4 EL Olivenöl
1 EL Kapern in Salz (ersatzweise in Lake)
schwarzer Pfeffer
Zubereitung: ca. 1 Std. 10 Min.
Kochen: ca. 25 Min.
Kühlen: ca. 12 Std. über Nacht
Pro Portion (bei 6 Portionen): ca. 360 kcal, 9 g EW, 14 g F, 49 g KH

1 Aus Kartoffeln, 1 TL Salz, Ei und Mehl wie auf Seite 102 beschrieben Schupfnudeln zubereiten, garen und abtropfen lassen.

2 Die Kräuter waschen und trocken schütteln. Den Schnittlauch in Röllchen schneiden. Die Kräuterblätter abzupfen und grob hacken. Zitrone heiß abwaschen, abtrocknen und die Schale dünn abreiben.

3 Das Öl in einer großen Pfanne erhitzen und die Schupfnudeln darin in 2–3 Min. knusprig braten. Kräuter, Zitronenschale und Kapern dazugeben und 1–2 Min. weiterbraten, pfeffern. Sofort servieren.

Schupfnudeln mit roten Linsen

MODERN UND FARBENFROH

Für 4–6 Personen:
1 kg mehligkochende Kartoffeln
Salz
1 Ei (Größe M)
70–100 g Mehl
100 g rote Linsen
1 Knoblauchzehe
4 Frühlingszwiebeln
50 g Maiskörner (aus der Dose)
4 EL ungesalzene Erdnüsse
2 EL Butter
1 EL Öl
2 TL scharfes Currypulver
Zubereitung: ca. 1 Std. 10 Min.
Kochen: ca. 25 Min.
Kühlen: ca. 12 Std. über Nacht
Pro Portion (bei 6 Portionen): ca. 295 kcal, 12 g EW, 9 g F, 41 g KH

1 Aus Kartoffeln, 1 TL Salz, Ei und Mehl wie auf Seite 102 beschrieben Schupfnudeln zubereiten, garen und abtropfen lassen. Die Linsen in einem Sieb kalt abspülen. Knoblauch schälen und mit den Linsen in 200 ml Wasser in 10–12 Min. bissfest garen.

2 Inzwischen Frühlingszwiebeln waschen, putzen und in Ringe schneiden. Mais in ein Sieb abgießen, kalt abspülen und abtropfen lassen. Die Erdnüsse in einer Pfanne ohne Fett anrösten.

3 Linsen in ein Sieb abgießen, Knoblauch zerdrücken. Die Butter mit dem Öl in einer Pfanne zerlassen, Frühlingszwiebeln und Schupfnudeln darin 2–3 Min. braten. Mit Curry bestäuben, Knoblauch, Nüsse, Mais und Linsen zugeben und unterrühren. Kräftig salzen und in 1 Min. fertig braten. Sofort servieren.

LINKS: SCHUPFNUDELN MIT ROTEN LINSEN | RECHTS: KRÄUTER-SCHUPFNUDELN

Handgewutzelte Mohnnudeln

GANZ GROSSE MEHLSPEISENKÜCHE!

Für 4 Personen:
800 g mehligkochende Kartoffeln
Salz
100 g Butter
ca. 100 g Mehl
50 g Weichweizengrieß
3 Eigelb
50 g gemahlener Mohn
50 g Puderzucker
Außerdem:
Mehl zum Bearbeiten
Zubereitung: ca. 1 Std. 30 Min.
Kochen: ca. 25 Min.
Kühlen: ca. 12 Std. über Nacht
Pro Portion: ca. 580 kcal, 12 g EW, 31 g F, 63 g KH

1 Die Kartoffeln waschen und mit 1 TL Salz in kochendem Wasser bei mittlerer Hitze zugedeckt in 20–25 Min. bissfest garen. Abgießen, heiß pellen und über Nacht abkühlen lassen.

2 Am nächsten Tag 50 g Butter schmelzen und abkühlen lassen. Die Kartoffeln fein reiben und mit der geschmolzenen Butter, Mehl, Grieß und Eigelben vermengen, sodass eine formbare, nicht mehr klebende Masse entsteht, leicht salzen.

3 Von der Masse walnussgroße Stücke abnehmen und mit bemehlten Händen zu dicken Nudeln abrollen (handwutzeln). Diese mit Mehl bestäuben und 15 Min. auf einem Blech ruhen lassen.

4 Reichlich Salzwasser zum Kochen bringen. Die Nudeln zugeben, die Hitze auf kleinste Stufe runterschalten und die Nudeln 15 Min. offen gar ziehen lassen.

5 Inzwischen 50 g Butter zerlassen und mit dem Mohn mischen. Die Nudeln gut abtropfen lassen und in der Mohnbutter 1 Min. schwenken. Auf Tellern verteilen und mit viel Puderzucker bestäubt sofort servieren.

Tipp **„Handgewutzelt“ ist österreichisch für „handgerollt“. Handgewutzelte Mohnnudeln sind eine satte Mehlspeise aus Kartoffelteig, im Gegensatz zu schlichten Mohnnudeln aus normalem Nudelteig. Dazu wird gern Zwetschgenröster, also Kompott, serviert.**

Ofenfreuden

Folienkartoffeln mit Matjes-Schmand

AUF DIE FEINE HAUSFRAUEN-ART

Für 4 Personen:
4 große vorwiegend fest- bis mehligkochende Kartoffeln (à ca. 180 g)
1 kg Salz
1 Bund Frühlingszwiebeln
4 Wacholderbeeren
2 säuerliche Äpfel (z. B. Boskop)
2 EL Butter
1/4 TL Zucker
100 ml trockener Cidre (französischer Apfelwein)
6 Matjesfilets (à ca. 40 g)
100 g Schmand
50 g Joghurt
weißer Pfeffer
Zubereitung: ca. 1 Std. 10 Min.
Pro Portion: ca. 410 kcal, 15 g EW, 25 g F, 30 g KH

1 Den Ofen auf 200° vorheizen. Kartoffeln gründlich waschen und mit einer Gabel rundum einstechen. Kartoffeln in Alufolie wickeln. Das Salz in einer ausreichend großen Form ca. 1–2 cm dick verteilen. Die Kartoffeln daraufsetzen und im Ofen (Mitte, Umluft 180°) 1 Std. garen.

2 Inzwischen die Frühlingszwiebeln putzen, waschen und in 1 cm dicke Ringe schneiden. Wacholderbeeren mit einem schweren Topf oder im Mörser zerdrücken. Die Äpfel schälen, vierteln und das Kerngehäuse entfernen. Die Apfelviertel in 1 cm große Würfel schneiden.

3 Die Wacholderbeeren in einem Topf ohne Fett bei mittlerer Hitze 1 Min. anrösten. Die Butter dazugeben und schmelzen lassen. Dann Frühlingszwiebeln und Äpfel dazugeben und mit dem Zucker bestreut 1 Min. andünsten. Mit Cidre ablöschen und kurz kräftig aufkochen. Anschließend abkühlen lassen.

4 Die Matjesfilets mit kaltem Wasser abspülen, trocken tupfen und in 1 cm große Würfel schneiden. Schmand und Joghurt mit der Apfel-Zwiebel-Mischung und den Matjeswürfeln mischen, kräftig pfeffern. Matjes-Schmand beiseitestellen und gut durchziehen lassen, bis die Kartoffeln gar sind.

5 Die Kartoffeln sind gar, wenn Sie ein kleines Messer ohne Widerstand in die Kartoffeln stechen können. Die Kartoffeln in der Folie auf Teller verteilen, Folie öffnen, Kartoffeln kreuzweise einschneiden und etwas aufdrücken. Die Kartoffeln werden mit einem kleinen Löffel gegessen. Den Matjes-Schmand extra dazuservieren.

Tipp **Die Folienkartoffeln bekommen hier zusätzlich noch ein Salzbett, da sie so gleichmäßiger garen. Auf einem Gitter oder Blech brennt die Schale leicht an. Die Folie bleibt an den Kartoffeln, damit man sie besser herauslöffeln kann.**

Orientalische Ofenkartoffeln

MIT KARDAMOM UND LORBEER

Für 4 Personen:
700 g kleine festkochende Kartoffeln
4 Knoblauchzehen
6 Kardamomkapseln
4 Lorbeerblätter
1 TL Fenchelsamen
4 EL Olivenöl
1 TL grobes Meersalz
200 g griechischer Joghurt (10 % Fett)
Zubereitung: ca. 20 Min.
Garen: ca. 30 Min.
Pro Portion: ca. 265 kcal, 5 g EW, 17 g F, 24 g KH

1 Den Ofen auf 200° vorheizen. Die Kartoffeln gründlich waschen und mehrmals mit einer Gabel einstechen. Den Knoblauch schälen. Die Kardamomkapseln mit einer Messerklinge andrücken. Lorbeerblätter leicht einreißen.

2 In einem ofenfesten Topf oder Bräter die Kartoffeln mit Knoblauch, Kardamom, Lorbeer, Fenchel und Öl mischen, erst dann das Meersalz untermischen.

3 Den Topf oder Bräter in den heißen Ofen (Mitte, Umluft 180°) stellen und die Kartoffeln in ca. 30 Min. garen, dabei öfter rühren. Den Joghurt glatt rühren und als Dip extra dazuservieren.

Kartoffeln in der Salzkruste

UND DAZU ROTE-BETE-MAYO

Für 4 Personen:
8 vorwiegend festkochende Kartoffeln (à ca. 150 g)
2 kg Salz
2 Eiweiß
1 zimmerwarmes Eigelb
1 TL scharfer Senf
1 TL Apfel- oder Weißweinessig
Salz | weißer Pfeffer
100–120 ml zimmerwarmes Sonnenblumenöl
150 g Rote Bete (aus dem Glas)
Zubereitung: ca. 20 Min.
Garen: ca. 50 Min.
Pro Portion: ca. 470 kcal, 8 g EW, 32 g F, 38 g KH

1 Ofen auf 225° vorheizen. Kartoffeln waschen. Das Salz mit Eiweißen und 150 ml Wasser mischen. Auf einem tiefen Backblech die Hälfte der Salzmasse 2 cm dick auf dem Boden verteilen. Kartoffeln daraufsetzen und übriges Salz so um die Kartoffeln herumformen, dass eine 1–2 cm dicke Schicht entsteht. Die Kartoffeln in der Form im Ofen (Mitte, Umluft 200°) 50 Min. garen, anschließend 5 Min. im offenen ausgeschalteten Ofen ruhen lassen.

2 Inzwischen für die Mayonnaise Eigelb, Senf, Essig und je 1 Prise Salz und Pfeffer mischen, im Mixer verrühren, dabei erst ein Viertel Öl tropfenweise einlaufen lassen. Wenn die Sauce glatt ist, das restliche Öl im dünnen Strahl unter Rühren langsam einlaufen lassen, bis eine cremige Mayonnaise entstanden ist. Rote Bete abtropfen lassen, pürieren, zur Mayonnaise geben, unterrühren, salzen, pfeffern.

3 Salzkruste vorsichtig mit einem Hammer öffnen. Kartoffeln mit der Rote-Bete-Mayonnaise servieren.

ORIENTALISCHE OFENKARTOFFELN

KARTOFFELN IN DER SALZKRUSTE

Überbackene Ricotta-Kartoffeln

ITALIENISCH BODENSTÄNDIG

Für 4 Personen:
8 mehligkochende Kartoffeln (à ca. 120 g)
1 kg Salz
50 g Sahne
2 EL Butter
1 TL getrockneter Oregano
1 Ei (Größe M)
150 g Ricotta
Salz | frisch geriebene Muskatnuss
100 g frisch geriebener Parmesan
Zubereitung: ca. 40 Min.
Garen: ca. 50 Min.
Pro Portion: ca. 390 kcal, 18 g EW, 22 g F, 29 g KH

1 Den Ofen auf 200° vorheizen. Kartoffeln waschen und in Alufolie wickeln. Salz 1–2 cm dick in einem Bräter verteilen. Die Kartoffeln daraufsetzen und im heißen Ofen (Mitte, Umluft 180°) ca. 50 Min. garen.

2 Die Kartoffeln der Länge nach halbieren und das Fruchtfleisch mit einem Löffel bis auf 1 cm Rand herauslöffeln. Die ausgelöste Kartoffelmasse fein stampfen oder durchpressen.

3 Die Sahne mit Butter, Oregano und 1 Prise Salz erhitzen. Die Kartoffelmasse dazugeben und unter Rühren zu einem Püree kochen, das sich vom Topfboden löst. Das Ei trennen. Eigelb, Ricotta und Käse unter das Püree rühren, mit Muskat würzen. Eiweiß mit 1 Prise Salz mit den Schneebesen des Handrührgeräts steif schlagen und unterziehen. Die Masse in die ausgehöhlten Kartoffeln füllen, 30 Min. im heißen Ofen garen. Die Ricotta-Kartoffeln sofort servieren.

Kartoffel-Ofen-Omelette

EIERKUCHEN DE LUXE

Für 4 Personen:
400 ml Milch
100 g geriebener Parmesan
4 Eier (Größe M)
3 EL Mehl
Salz | frisch geriebene Muskatnuss
300 g gegarte festkochende Kartoffeln
100 g Parmaschinken
1 Bund Schnittlauch
Zubereitung: ca. 25 Min.
Garen: ca. 30 Min.
Pro Portion: ca. 360 kcal, 29 g EW, 19 g F, 20 g KH

1 Die Milch erhitzen, Parmesan darin schmelzen und etwas abkühlen lassen. Eier und Mehl glatt verrühren und mit der warmen Käsemilch verquirlen. Mit Salz und Muskat würzen.

2 Backofen auf 225° vorheizen. Kartoffeln schälen und würfeln. Den Schinken erst in Streifen, dann quer in Stücke schneiden. Schnittlauch waschen, trocken schütteln und in Röllchen schneiden.

3 Eine ofenfeste Pfanne oder flache Form fetten. Die Eiermilch mit Kartoffeln, Schinken und Schnittlauch mischen und hineingeben. Im heißen Ofen (Mitte, Umluft 200°) 25–30 Min. garen, bis der Teig schön aufgegangen und leicht gebräunt ist. Sofort servieren, dazu schmeckt grüner Blattsalat.

LINKS: ÜBERBACKENE RICOTTA-KARTOFFELN | RECHTS: KARTOFFEL-OFEN-OMELETTE

KARTOFFELGRATIN MIT KÄSE

Die vielleicht schönste Verbindung von Kartoffeln und Sahne ist, beides im Ofen zu einem Gratin zu vereinen. Die Knollen hauchdünn geschnitten, knapp mit feinem Rahm bedeckt und dazu ein würziger Käse – fertig ist das Lieblingsgericht.

Kartoffelgratin mit Käse

Für 4 Personen:
500 g vorwiegend festkochende Kartoffeln
2 TL Butter
Salz | weißer Pfeffer
200 g Sahne
70 g würziger Käse (z. B. Gruyère, Raclette-Käse oder mittelalter Gouda)
Zubereitung: ca. 20 Min.
Garen: ca. 30 Min.
Pro Portion: ca. 320 kcal, 7 g EW, 25 g F, 17 g KH

1 Backofen auf 180° vorheizen. Kartoffeln schälen und in ca. 5 mm gleich dicke Scheiben schneiden. Eine Gratinform mit 1 TL Butter fetten, Kartoffeln dachziegelartig hineinschichten, salzen und pfeffern.

2 Die Sahne über die Kartoffeln gießen, sodass nur noch die Ränder herausschauen. Den Käse reiben und darüberstreuen. Die übrige Butter in Flöckchen über das Gratin verteilen.

3 Das Gratin im heißen Ofen (Mitte, Umluft 160°) ca. 40 Min. garen, bis die Kartoffeln gar sind und die Oberfläche leicht gebräunt ist. Das Gratin als Beilage servieren.

Variante Gratin de luxe

Für die üppigere Version mit mehreren Kartoffelschichten, aber ohne Käse, werden 500 ml Sahne mit 1 halbierten Knoblauchzehe und 1 TL Salz um etwa ein Drittel eingekocht, dann wird der Knoblauch entfernt. Inzwischen 800 g Kartoffeln in 5 mm dicke Scheiben schneiden. Eine Form mit 1 TL Butter fetten. Darin die Kartoffeln mit der heißen Sahne mischen und für ca. 30 Min. wie oben beschrieben im Ofen garen.

Mit nur ein paar mehr Zutaten und Handgriffen lassen sich aus Kartoffelgratins noch größere Geschmackswunder machen, da die Sahne die Aromen beim Garen aufnimmt und damit alles durchdringt. Mit Pilzen oder Wurzelgemüsen gelingt das besonders gut, auch beim Käse ist Abwechslung ein Plus. Feinere Noten, z. B. von zarten Kräutern, gehen dabei aber eher unter.

Kartoffel-Pilz-Gratin

Für 4 Personen:
4 Schalotten
Salz
300 g Champignons
1 TL getrockneter Majoran
200 g Sahne
600 g vorwiegend festkochende Kartoffeln
weißer Pfeffer
1 Kugel Mozzarella (ca. 125 g)
Zubereitung: ca. 30 Min.
Garen: ca. 40 Min.
Pro Portion: ca. 330 kcal, 11 g EW, 22 g F, 21 g KH

1 Schalotten schälen, in Ringe schneiden und mit ¼ TL Salz vermischen. Die Pilze putzen und die Stiele abdrehen. Pilzstiele, Majoran und Sahne in einen Topf geben, kurz aufkochen und beiseitestellen. Champignonköpfe in ca. 5 mm dicke Scheiben schneiden.

2 Die Kartoffeln schälen und in ca. 5 mm dicke Scheiben schneiden. Eine Auflaufform fetten. Kartoffel-, Pilzscheiben und Schalottenringe dachziegelartig hineinfächern, leicht salzen und pfeffern.

3 Backofen auf 200° vorheizen. Mozzarella trocken tupfen, würfeln und über das Gratin streuen. Sahne durch ein Sieb über das Gratin gießen. Das Gratin im heißen Ofen (Mitte, Umluft 180°) 30–40 Min. garen, bis es leicht gebräunt ist.

Kartoffel-Möhren-Gratin

Für 4 Personen:
400 g Möhren
4 Frühlingszwiebeln
500 g vorwiegend festkochende Kartoffeln
2 TL Butter
Salz
frisch geriebene Muskatnuss
100 g Käse (z. B. Gouda)
250 g Sahne
Zubereitung: ca. 30 Min.
Garen: ca. 40 Min.
Pro Portion: ca. 370 kcal, 12 g EW, 26 g F, 22 g KH

1 Möhren schälen und in ca. 5 mm dicke Scheiben schneiden. die Frühlingszwiebeln putzen, waschen und nur das Weiße und Hellgrüne in dünne Ringe schneiden. Die Kartoffeln schälen und in ca. 5 mm dicke Scheiben schneiden.

2 Backofen auf 200° vorheizen. Eine Form mit 1 TL Butter fetten, die Möhren und Kartoffeln dachziegelartig hineinfächern und mit Salz und Muskat würzen. Käse reiben. Die Frühlingszwiebeln und Käse darüberstreuen. Die Sahne darübergießen und die übrige Butter in Flöckchen darauf verteilen. Das Gratin im heißen Ofen (Mitte, Umluft 180°) 30–40 Min. garen, bis es leicht gebräunt ist.

WESTFÄLISCHE POTTHUCKE

Eine gute Wurst, die im Schutz geriebener Kartoffeln gemächlich „im Pott hockt" – das ist bei großen Festen ein Klassiker in der Mitte Deutschlands. Pott ist hier eine Kastenform, und die „Hucke" wird nach dem Backen noch geschnitten und gebraten.

Westfälische Potthucke

Für 4 Personen:
1 kg mehligkochende Kartoffeln
Salz
125 ml Milch
150 g Schmand
4 Eier (Größe M)
Pfeffer
4 rohe Mettwürste (bzw. Mettenden, ca. 300 g, ersatzweise rohe Bratwürste)
6 EL Butter
Zubereitung: ca. 30 Min.
Kochen: ca. 30 Min.
Garen: ca. 1Std. 30 Min.
Pro Portion: ca. 725 kcal, 25 g EW, 55 g F, 34 g KH

1 Die Kartoffeln gründlich waschen. 200 g Kartoffeln in kochendem Salzwasser in 20–30 Min. bissfest garen, abgießen, heiß pellen und abkühlen lassen, dann grob reiben. Kaltes Wasser in eine Schüssel gießen, die übrigen Kartoffeln schälen und in das Wasser reiben. Das Wasser abgießen, die Kartoffeln in einem Küchentuch gut ausdrücken.

2 Ofen auf 180° vorheizen. Eine Kastenform (ca. 25 cm Länge) mit Backpapier auslegen. Gekochte und rohe Kartoffeln, Milch, Schmand und Eier zu einem dickflüssigen Teig vermischen, salzen und pfeffern.

3 Die Masse zur Hälfte in die Form füllen, die Würste ganz oder in Scheiben geschnitten darauflegen und die übrige Masse darüber verteilen. Die Form mit dem Boden mehrmals auf den Tisch stoßen, damit der Teig sich setzt. Potthucke 1 Std. 10 Min.–1 Std. 30 Min. im heißen Ofen (Mitte, Umluft 160°) garen, bis sie gestockt und ihre Oberfläche leicht gebräunt ist.

4 Potthucke 10 Min. in der Form ausdämpfen lassen, auf ein Küchenbrett stürzen und das Backpapier entfernen. Die Potthucke mit einem scharfen Messer in 2 cm dicke Scheiben schneiden. Die Butter in einer Pfanne erhitzen und die Scheiben darin anbraten und servieren.

Tipp **Nach traditioneller Art wird die Potthucke kurz nach dem Backen in Scheiben aufgeschnitten und dann nochmals gebraten. Wenn Ihnen das zu viel des Guten ist, können Sie sie aber auch ohne Braten servieren. Am besten passt ein würzig abgeschmeckter Blattsalat zu dem deftigen Essen – und zur Sicherheit sollten Sie auch etwas Korn kalt stellen.**

Die Deutschen lieben Kartoffeln besonders im Auflauf, der ja so eine Art Eintopf aus dem Ofen ist. Hier zwei geriebene Varianten, die vor allem im Osten Deutschlands beliebt sind. Ihre Zubereitung ist leicht, aber ein wenig Zeit sollte man schon haben, da sie nicht gerade kurz garen. Eine gute Gelegenheit, um einen grünen Salat zu machen – den perfekten Begleiter zu diesen Gerichten.

Sorbische Kartoffeln

Für 4 Personen:
800 g vorwiegend festkochende Kartoffeln
70 g Emmentaler
50 g weiche Butter
Salz | weißer Pfeffer
400 ml Fleischbrühe
1 Bund Petersilie
Zubereitung: ca. 20 Min. | Garen: ca. 40 Min.
Pro Portion: ca. 280 kcal, 8 g EW, 16 g F, 24 g KH

1 Die Kartoffeln schälen und grob raspeln. Den Käse reiben. Butter, Käse und Kartoffeln mischen. Die Kartoffelmasse salzen und pfeffern. Den Backofen auf 225° vorheizen.

2 Kartoffeln in einen ofenfesten Topf geben. Die Fleischbrühe zugießen und bei niedriger Hitze im geschlossenen Topf 10 Min. köcheln lassen.

3 Die Kartoffeln im Topf ohne Deckel im heißen Ofen (Mitte, Umluft 200°) ca. 40 Min. garen, bis die Kartoffeln gebräunt sind. Inzwischen die Petersilie waschen, trocken schütteln, die Blätter abzupfen und hacken. Die sorbischen Kartoffeln mit der Petersilie bestreut servieren. Dazu schmeckt Gurkensalat.

Sächsischer Getzen-Auflauf

Für 4 Personen:
800 g mehligkochende Kartoffeln | Salz
2 Zwiebeln | 400 ml Buttermilch
50 g weiche Butter
4 geräucherte Bratwürste
1 TL getrockneter Majoran | Pfeffer
Zubereitung: ca. 1 Std. 10 Min.
Kochen: ca. 25 Min. | Kühlen: ca. 12 Std. über Nacht | Garen: ca. 1 Std. 30 Min.
Pro Portion: ca. 1045 kcal, 22 g EW, 94 g F, 28 g KH

1 Am Vortag 400 g Kartoffeln waschen und in kochendem Salzwasser in 20–25 Min. bissfest garen, heiß pellen, über Nacht abkühlen lassen.

2 Am nächsten Tag die gegarten Kartoffeln fein reiben. Rohe Kartoffeln schälen, fein reiben, dann die Masse in einem Küchentuch über einer Schüssel auspressen. Die Massen miteinander mischen. Die Zwiebeln schälen, fein reiben. Das Kartoffelwasser abgießen und die am Boden abgesetzte Stärke mit Zwiebeln und Buttermilch unter die Masse mischen.

3 Ofen auf 200° vorheizen. In einem ofenfesten Topf 40 g Butter schmelzen, Masse dazugeben und unter Rühren kurz aufkochen. Würste in Scheiben schneiden, mit Majoran unterrühren, salzen, pfeffern. Übrige Butter in Flöckchen darauf verteilen und im Ofen (Mitte, Umluft 180°) 1 Std. 30 Min. garen.

Schwedische Heringskartoffeln

„JANSSONS VERSUCHUNG“ SOLLTEN SIE UNBEDINGT PROBIEREN

Für 4–6 Personen:
2 Zwiebeln
4 EL Butter
800 g festkochende Kartoffeln
Salz
250 g Matjes- oder Bismarckheringe
250 g Sahne
Pfeffer
frisch geriebene Muskatnuss
2 EL Semmelbrösel
Zubereitung: ca. 30 Min.
Backen: ca. 45 Min.
Pro Portion (bei 6 Portionen): ca. 375 kcal, 10 g EW, 28 g F, 18 g KH

1 Den Ofen auf 220° vorheizen. Die Zwiebeln schälen, halbieren und längs in Streifen schneiden. Zwiebelstreifen in 2 EL Butter bei kleiner Hitze in 5 Min. glasig dünsten und abkühlen lassen.

2 Die Kartoffeln schälen und in dünne Scheiben schneiden, mit ¼ TL Salz mischen und beiseitestellen. Die Heringe abtropfen lassen und in 2 cm dicke Streifen schneiden.

3 Eine Auflaufform mit 1 EL Butter fetten. Zuerst eine Lage Kartoffeln in die Form schichten, darauf je eine Lage Zwiebeln und Heringe geben und mit Kartoffeln abdecken. Dies so lange wiederholen, bis alle Zutaten aufgebraucht sind, dabei mit Kartoffeln abschließen.

4 Die Sahne mit Pfeffer und Muskat erhitzen, aber nicht kochen, und über die Heringskartoffeln gießen. Brösel und 1 EL Butter in Flöckchen auf dem Auflauf verteilen und ca. 45 Min. im heißen Ofen (Mitte, Umluft 200°) garen, bis die Oberfläche leicht gebräunt ist und die Kartoffeln gar sind. Dazu passt Bier und grüner Blattsalat.

Tipp **Dieses Gericht wird in Schweden sehr oft als „Janssons Versuchung“ serviert. Und auch wenn für manche eingelegter Hering heiß aus dem Ofen eher abschreckend klingt, sollte man es einmal probiert haben: Der salzige bzw. salzig-säuerliche Geschmack des Matjes- bzw. Bismarckherings kombiniert mit Sahne und Kartoffeln ergeben ein rundum harmonisches Aroma, das dieses Gericht zu einer Leibspeise machen kann.**

Schusterpfanne mit Rotwein-Chili-Ragout

EIN TRADITIONSGERICHT SCHARF AUFGEPEPPT

Für 4 Personen:
800 g vorwiegend festkochende Kartoffeln
Salz
1 gelbe Paprikaschote
1 rote Paprikaschote
3 Chilischoten
2 EL Öl
1 TL getrockneter Thymian
500 g gemischtes Hackfleisch
Pfeffer
2 EL Tomatenmark
400 ml Rotwein
50 g Bergkäse
125 ml Milch
4 Eier (Größe M)
Außderdem:
Butter für den Bräter
Zubereitung: ca. 1 Std.
Garen: ca. 1 Std. 30 Min.
Pro Portion: ca. 750 kcal, 41 g EW, 45 g F, 31 g KH

1 Kartoffeln in Salzwasser bei mittlerer Hitze zugedeckt 10–15 Min. so garen, dass ihr Kern noch hart ist, wenn man mit dem Messer hineinsticht. Heiß pellen, auskühlen lassen und in Scheiben schneiden.

2 Die Paprikaschoten putzen, waschen, halbieren, entkernen und in Würfel schneiden. Die Chilischoten putzen, waschen und in feine Ringe schneiden. Öl in einer Pfanne erhitzen, Paprikawürfel, Chili und Thymian darin 2 Min. bei mittlerer Hitze andünsten.

3 Hackfleisch dazugeben und ca. 5 Min. anbraten, salzen, pfeffern und das Tomatenmark einrühren. Mit 200 ml Rotwein ablöschen und den Wein fast vollständig einkochen lassen. Übrigen Wein zugießen und ebenfalls fast vollständig einkochen lassen. Anschließend das Ganze zugedeckt 5 Min. köcheln lassen.

4 Den Bergkäse reiben. Milch in einem Topf erhitzen, den Käse darin schmelzen und abkühlen lassen. Dann die Eier unterrühren.

5 Den Ofen auf 180° vorheizen. Einen Bräter mit Butter fetten. Eine Lage Kartoffelscheiben dachziegelartig auf den Boden schichten, salzen und pfeffern. Einen Teil Hackfleischmasse auf die Kartoffeln geben. Die Lagen weiter abwechselnd einschichten, bis die Zutaten verbraucht sind, dabei mit einer Lage Kartoffeln abschließen.

6 Die Eiermischung verquirlen, mit Salz und Pfeffer würzen und über den Auflauf gießen. Die Schusterpfanne in den heißen Ofen (Mitte, Umluft 160°) schieben und 1 Std. 30 Min. garen, bis die Kartoffeln gar sind und die Masse gestockt ist.

Kartoffelpizza

DIE KNOLLE STECKT IM TEIG, IN DER CREME UND IM BELAG

Für 8–12 Stücke:
2 Knoblauchzehen
500 g mehligkochende Kartoffeln
Salz
300 g Vollkornweizenmehl
150 ml Olivenöl
½ Würfel Hefe (ca. 21 g)
Zucker
ca. 150 ml lauwarme Milch
1 TL frisch gepresster Zitronensaft
schwarzer Pfeffer
300 g kleine festkochende Kartoffeln mit dünner Schale
1 rote Zwiebel
2 Zweige Rosmarin
200 g Schafskäse (Feta)
Außderdem:
Öl und Mehl fürs Blech
Zubereitung: ca. 1 Std.
Gehen: ca. 1 Std.
Garen: ca. 25 Min.
Pro Stück (bei 12 Stücken):
ca. 825 kcal, 23 g EW, 49 g F, 73 g KH

1 Den Knoblauch schälen, die mehligkochenden Kartoffeln waschen. Beides mit ½ TL Salz in kochendem Wasser bei mittlerer Hitze zugedeckt ca. 20 Min. garen. Abgießen, Knoblauch herausnehmen, beiseitelegen und die Kartoffeln noch heiß pellen.

2 300 g gegarte Kartoffeln heiß durch die Presse drücken und mit Vollkornmehl und 4 EL Olivenöl vermengen. Hefe zerbröckeln und mit 1 Prise Zucker und 2 EL Milch glatt rühren. Hefemischung mit 50 ml Milch unter die Kartoffelmischung kneten. Nach und nach so viel Milch zugießen, bis ein glatter, elastischer Teig entsteht. Den Teig zur Kugel formen und abgedeckt in einer Schüssel 30 Min. an einem warmen Ort gehen lassen.

3 Für die Kartoffelcreme die übrigen gegarten Kartoffeln mit dem Knoblauch durch die Presse drücken und mit 6 EL Olivenöl, Zitronensaft, Salz und Pfeffer glatt rühren. Den Teig nach dem Gehen mit ½ TL Salz verkneten, erneut zu einer Kugel formen und 30 Min. gehen lassen.

4 Die festkochenden Kartoffeln gründlich waschen und auf dem Gemüsehobel in dünne Scheiben hobeln. Die Zwiebel schälen, vierteln und quer in Streifen schneiden. Kartoffeln und Zwiebel mit ½ TL Salz mischen und in einem Sieb beiseitestellen. Rosmarin waschen, trocken schütteln, die Nadeln abzupfen und hacken, mit 5 EL Öl verrühren.

5 Den Backofen auf 250° vorheizen. Den Teig nochmals durchkneten. Ein Blech mit Öl fetten und mit Mehl bestäuben. Teig mit den Händen gleichmäßig flach auf das Blech drücken, den Rand etwas dicker lassen. Mit der Kartoffelcreme bestreichen.

6 Die Kartoffelscheiben mit Küchenpapier trocken tupfen, mit dem Rosmarinöl und Pfeffer mischen und auf der Pizza verteilen. Den Feta zerbröckeln und auf der Pizza verteilen. Pizza in 20–25 Min. im heißen Ofen (Mitte, Umluft 225°) garen.

Süßer Kartoffelauflauf mit Kompott

DANACH BRAUCHT MAN EINEN STARKEN KAFFEE

Für 4 Personen:
250 g mehligkochende Kartoffeln
Salz
4 Eier (Größe M)
100 g weiche Butter
190 g Zucker
2 EL gemahlene Mandeln
5 EL Semmelbrösel
abgeriebene Schale von 1 Bio-Zitrone
500 g aromatische Äpfel (z. B. Boskop)
1 TL frisch gepresster Zitronensaft
50 ml Apfelsaft
Außderdem:
Butter und Zucker für die Förmchen
Zubereitung: ca. 45 Min.
Backen: ca. 45 Min.
Pro Portion: ca. 595 kcal, 10 g EW, 30 g F, 63 g KH

1 Kartoffeln in kochendem Salzwasser bei mittlerer Hitze zugedeckt in 20–25 Min. bissfest garen, abgießen und völlig abkühlen lassen. Die Kartoffeln pellen und grob reiben.

2 Eier trennen. Butter mit den Schneebesen des Handrührgeräts schaumig rühren, dabei nach und nach 150 g Zucker und Eigelbe einrühren, bis sich der Zucker gelöst hat. Backofen auf 200° vorheizen.

3 Kartoffeln, Mandeln, Brösel und Zitronenschale unter die Buttermasse rühren. Eiweiße mit 1 Prise Salz mit den Schneebesen des Handrührgeräts steif schlagen und unter die Masse heben.

4 Den Ofen auf 200° vorheizen. Vier Auflaufförmchen (à 150 ml Inhalt) mit Butter fetten, mit Zucker ausstreuen und mit der Kartoffelmasse füllen. Die Förmchen im heißen Ofen (Mitte, Umluft 180°) 40–45 Min. garen, bis der Inhalt schön aufgegangen und gebräunt ist. Aufläufe 5 Min. in den Förmchen ruhen lassen.

5 Inzwischen für das Apfelkompott die Äpfel schälen, entkernen und grob würfeln. Mit 40 g Zucker, Zitronensaft und Apelsaft zugedeckt in 5–6 Min. weich kochen, leicht zerstampfen und abkühlen lassen. Das Apfelkompott mit dem Kartoffelauflauf servieren.

Tipp **Sie können den Auflauf auch in einer großen, 1 Liter fassenden Form als süßes Hauptgericht servieren. Dafür verwenden Sie 400 g mehligkochende Kartoffeln, 6 Eier, 150 g weiche Butter, 200 g Zucker, 3 EL gemahlene Mandeln, 7 EL Semmelbrösel und die Schale von 1 großen Bio-Zitrone. Die Zubereitung erfolgt wie oben.**

Gekühlt und gemischt

Kartoffelsalat mit Meeresfrüchten

GUT ALS HAUPTSPEISE AN EINEM SCHÖNEN SOMMERTAG

Für 4 Personen:

500 g frische Miesmuscheln
8 rohe Garnelen mit Schale und Kopf (ca. 300 g)
2 EL Sonnenblumenöl
600 g kleine neue Kartoffeln
Salz
½ TL Kümmelkörner
1 Lorbeerblatt
1 Bund Dill
1 Bund Basilikum
1 Bund Schnittlauch
3–4 EL Weißweinessig
1 EL körniger scharfer Senf
100 g Sahne

Zubereitung: ca. 1 Std.
Ziehen: ca. 30 Min.
Pro Portion: ca. 305 kcal, 16 g EW, 16 g F, 25 g KH

1 Die Muscheln in reichlich kaltem Wasser gründlich waschen und falls nötig die Bärte entfernen. Die Muscheln 5 Min. im Wasser liegen lassen, dann offene Muscheln wegwerfen. Garnelen kurz abwaschen.

2 In einem großen weiten Topf das Öl erhitzen. Die tropfnassen Muscheln und Garnelen hineingeben und zugedeckt bei starker Hitze 3–4 Min. garen, dabei den Topf öfter rütteln.

3 Die Muscheln und Garnelen in ein Sieb schütten, den Sud dabei auffangen. Jetzt noch geschlossene Muscheln aussortieren und wegwerfen, aus den übrigen Muscheln das Fleisch auslösen. Den Kopf von den Garnelen abdrehen, die Schwänze aus der Schale lösen und der Länge nach halbieren, dabei entdarmen. Den Meeresfrüchtesud durch einen Kaffeefilter gießen.

4 Kartoffeln gründlich waschen, in einen Topf geben und 1 TL Salz, Kümmel und Lorbeerblatt dazugeben. Knapp mit Wasser bedecken und bei mittlerer Hitze zugedeckt in 15–20 Min. bissfest garen.

5 Inzwischen die Kräuter waschen und trocken schütteln. Den Schnittlauch in 1 cm lange Röllchen schneiden. Die Dillspitzen und die Basilikumblättchen von den Stielen zupfen und grob zerschneiden. Die Kräuter mit Essig, Senf und 1 kräftigen Prise Salz verrühren. Den Meeresfrüchtesud und die Sahne unter das Dressing mischen.

6 Das Kartoffelwasser abgießen und die Kartoffeln kurz im Topf auf der ausgeschalteten Herdplatte ausdämpfen lassen. Kartoffeln längs halbieren. Mit den Meeresfrüchten und dem Kräuterdressing mischen, kräftig salzen, pfeffern und 30 Min. durchziehen lassen. Nochmals abschmecken und servieren.

KARTOFFELSALAT MIT ÄPFELN, MIT ZWIEBELN UND MIT BRÜHE

Dies ist der klassische Salat aus Kartoffeln, den man zu fast allem servieren kann – zu Würstchen, Hacksteaks, zu Fisch oder gebratenem Gemüse. Er wird gleich beim Schneiden lagenweise gewürzt, was den Kartoffeln mehr Eigengeschmack gibt.

Kartoffelsalat mit Zwiebeln

Für 4–6 Personen:
1 kg festkochende Kartoffeln
Salz
2 Zwiebeln
1 Stiel Liebstöckel
1 TL scharfer Senf
6–8 EL Obstessig
6 EL Sonnenblumenöl
schwarzer Pfeffer
Zubereitung: ca. 50 Min.
Ziehen: ca. 2 Std.
Pro Portion (bei 6 Portionen): ca. 310 kcal, 4 g EW, 18 g F, 31 g KH

1 Die Kartoffeln waschen, in einen Topf geben und 2 TL Salz darüberstreuen. Knapp mit Wasser bedecken und bei mittlerer Hitze zugedeckt in 20–25 Min. bissfest garen.

2 Inzwischen die Zwiebeln schälen, würfeln und in einem Sieb 1 Min. in kochendes Wasser halten, herausnehmen und abtropfen lassen. Den Liebstöckel waschen und trocken schütteln, die Blätter fein hacken. Zwiebeln und Liebstöckel mit Senf, Essig und 1 kleinen Prise Salz verrühren. Das Öl löffelweise einrühren.

3 Die gegarten Kartoffeln abgießen und abkühlen lassen. Dann die Kartoffeln pellen und in eine Schüssel in Scheiben schneiden, dabei jede Lage mit etwas Salz und schwarzem Pfeffer würzen.

4 Das Dressing mit den Kartoffeln mischen und 2 Std. durchziehen lassen. Falls nötig, den Salat dann nochmals mit Essig, Salz und Pfeffer abschmecken. Passt perfekt zu Würstchen, Hacksteaks oder Backfisch.

Tipp **Je speckiger und aromatischer die Kartoffel, desto besser schmeckt der Salat. Moorsieglinde, Bamberger Hörnchen oder La Ratte sind eine gute Wahl. Sie können die Zwiebeln auch ganz roh zugeben, dann schmeckt der Salat aromatischer – hält aber auch nur 24 Stunden.**

Hier zwei weitere Erdapfel-Klassiker aus der Salatküche – einmal deftig nach süddeutscher Art warm angemacht mit Speck und Brühe, was gut zu Gegrilltem und großen Braten oder auch einer einfachen Bratwurst passt. Der Mayo-Salat kann für sich alleine stehen – z. B. als Mitbringsel für eine Party – oder auch eine etwas üppigere Vorspeise für ein regionales Menü sein.

Kartoffelsalat mit Brühe

Für 4–6 Personen:

1 kg kleine festkochende Kartoffeln | Salz
1 Zwiebel
100 g durchwachsener Räucherspeck
6 EL Sonnenblumenöl
6–8 EL Weißweinessig
150 ml Fleischbrühe | Pfeffer

Zubereitung: ca. 40 Min.
Ziehen: ca. 1 Std. 30 Min.
Pro Portion: ca. 310 kcal, 4 g EW, 23 g F, 20 g KH

1 Kartoffeln gründlich waschen und in Salzwasser bei mittlerer Hitze zugedeckt in 15–20 Min. bissfest garen. Kartoffeln abgießen, noch heiß pellen und etwas abkühlen lassen.

2 Inzwischen die Zwiebel schälen und fein würfeln. Speck fein würfeln. In einer Pfanne 1 EL Öl erhitzen, Speck darin 1 Min. braten, Zwiebel zugeben, in 2 Min. glasig dünsten. Mit Essig und Brühe ablöschen, aufkochen. Dressing salzen, pfeffern.

3 Kartoffeln in dünne Scheiben schneiden, in eine Schüssel schichten, jede Lage salzen und pfeffern. Heißes Dressing über die Kartoffeln gießen und vorsichtig mischen, zum Schluss 5 EL Öl untermengen. Den Salat 1 Std. 30 Min. durchziehen lassen. Vor dem Servieren noch mal mit Salz, Pfeffer und Essig abschmecken.

Kartoffelsalat mit Äpfeln

Für 4–6 Personen:

100 g Walnusskerne
1 EL Sonnenblumenöl | 1 TL Zucker
3 EL Mayonnaise | 2 EL saure Sahne
2 EL frisch gepresster Zitronensaft
Salz | Pfeffer
1 kg kleine festkochende Kartoffeln
1 rote Zwiebel
2 aromatische Äpfel (z. B. Cox Orange)

Zubereitung: ca. 1 Std. | Ziehen: ca. 1 Std.
Pro Portion (bei 6 Portionen):
ca. 300 kcal, 5 g EW, 19 g F, 26 g KH

1 Backofen auf 200° (Umluft 180°) vorheizen. Walnusskerne 10 Min. im heißen Ofen anrösten, herausnehmen, abkühlen lassen. Inzwischen Öl, Zucker, Mayonnaise, saure Sahne, Zitronensaft, ¼ TL Salz und Pfeffer zu einem Dressing mischen, kühl stellen.

2 Die Kartoffeln waschen und in Salzwasser bei mittlerer Hitze zugedeckt in ca. 20 Min. bissfest garen. Inzwischen die Zwiebel schälen und fein würfeln. Die Äpfel waschen, achteln, entkernen und in Scheiben schneiden. Beides mit dem Dressing mischen.

3 Kartoffeln abgießen, kurz ausdämpfen lassen, noch heiß pellen. Die Kartoffeln in dicke Scheiben schneiden und sofort mit dem Dressing und den Walnüssen mischen. 1 Std. durchziehen lassen.

LINKS: BÄCKERIN-SALAT | RECHTS: BLAUER KARTOFFELSALAT

Bäckerin-Salat

EIN WARMER KARTOFFELSALAT ZUM SATTESSEN

Für 4 Personen:
150 g Zwiebeln
1 Knoblauchzehe
200 g Schweinesteak (aus dem Nacken)
600 g festkochende Kartoffeln
2 TL getrockneter Majoran
Salz | Pfeffer
100 ml Fleischbrühe
4 EL Sonnenblumenöl
4 EL Rotweinessig
1 Bund Schnittlauch
1 EL mittelscharfer Senf
Zubereitung: ca. 45 Min.
Pro Portion: ca. 305 kcal, 12 g EW, 19 g F, 20 g KH

1 Zwiebeln schälen, halbieren und in Streifen schneiden. Den Knoblauch schälen und in Scheiben schneiden. Steak in ca. 1 cm große Würfel schneiden. Die Kartoffeln schälen und in Scheiben schneiden.

2 Alle vorbereiteten Zutaten in einer großen Pfanne mit dem Majoran mischen, kräftig mit Salz und Pfeffer würzen. Brühe, 2 EL Öl und 2 EL Essig unterrühren. Schnittlauch waschen, trocken schütteln und in Röllchen schneiden.

3 Die Kartoffelmischung 15 Min. zugedeckt bei mittlerer Hitze garen, dabei öfter rühren. Dann die Flüssigkeit offen in 2–3 Min. fast vollständig einkochen lassen.

4 2 EL Öl, 2 EL Essig, Schnittlauch und Senf einrühren, nochmals salzen, pfeffern und servieren.

Blauer Kartoffelsalat

FÜR FANS VON FARBE UND AROMA

Für 4–6 Personen:
1 kg kleine blaue Kartoffeln | Salz
2 gelbe Paprikaschoten
1 Knoblauchzehe
3 EL Olivenöl
125 ml Gemüsebrühe
6 EL Aceto balsamico bianco | Pfeffer
4 EL Pesto (Rezept Seite 35 oder aus dem Glas)
200 g Kirschtomaten
4 Stiele Basilikum
Zubereitung: ca. 1 Std.
Ziehen: ca. 1 Std. 30 Min.
Pro Portion (bei 6 Portionen): ca. 195 kcal, 5 g EW, 9 g F, 23 g KH

1 Die Kartoffeln gründlich waschen und in Salzwasser zugedeckt bei mittlerer Hitze in 15–20 Min. bissfest garen. Die Kartoffeln abgießen, noch heiß pellen und etwas abkühlen lassen.

2 Inzwischen die Paprikaschoten waschen, putzen, entkernen und in 1 cm große Würfel schneiden. Knoblauch schälen, würfeln und mit den Paprikawürfeln 3 Min. im heißen Öl dünsten. Brühe und Essig dazugießen und aufkochen. Mit Salz und Pfeffer würzen.

3 Die warmen Kartoffeln in Scheiben schneiden und in eine Salatschüssel schichten, dabei jede Schicht salzen und pfeffern. Heiße Brühe mit Paprika und Pesto mit den Kartoffeln mischen. Den Salat 1 Std. 30 Min. durchziehen lassen.

4 Inzwischen die Tomaten waschen, putzen und vierteln. Basilikum waschen und trocken schütteln, die Blätter abzupfen und hacken. Beides unter den Salat mischen und noch mal salzen und pfeffern.

Kartoffel-Frittata

SCHMECKT WARM UND KALT

Für 4–6 Personen:
2 Knoblauchzehen | 100 g Zuckerschoten
1 Handvoll Rucola (ca. 50 g)
300 g festkochende Kartoffeln
4 EL Olivenöl
Salz | Pfeffer
6 Eier (Größe M)
Zubereitung: ca. 45 Min.
Pro Portion (bei 6 Portionen):
ca. 190 kcal, 8 g EW, 14 g F, 8 g KH

1 Den Knoblauch schälen und würfeln. Die Zuckerschoten waschen, schräg in feine Streifen schneiden. Rucola waschen und trocken schütteln, Stiele entfernen und die Blätter grob hacken.

2 Kartoffeln schälen, in dünne Scheiben schneiden und in einem Sieb kalt abspülen. 2 EL Öl in einer ofenfesten Pfanne erhitzen, die Kartoffeln tropfnass hineingeben – Achtung, es kann spritzen –, salzen und zugedeckt 10 Min. garen. Kartoffeln wenden und offen 2–3 Min. weiterbraten. Knoblauch und Zuckerschoten zugeben und unter häufigem Wenden 2–3 Min. braten. In eine Schüssel geben und mit Rucola mischen. Mit Salz und Pfeffer würzen. Den Backofengrill auf höchster Stufe vorheizen.

3 Inzwischen die Pfanne säubern und erhitzen. Die Eier verquirlen und unter die Kartoffelmischung rühren. Die Pfanne erhitzen, 2 EL Öl zugießen und die Kartoffel-Ei-Mischung hineingeben. Hitze reduzieren und die Frittata zugedeckt bei mittlerer Hitze 2–3 Min. garen, bis die Unterseite gebräunt ist.

4 Pfanne auf einem Rost 2–3 Min. unter den Ofengrill (Mitte) schieben, bis die Oberfläche leicht gebräunt ist. Frittata aus der Pfanne auf ein Brett gleiten und abkühlen lassen. In Stücke geschnitten servieren.

Tapas-Kartoffeln

WECKEN URLAUBSERINNERUNGEN

Für 4 Personen:
100 g nicht zu harte Chorizo oder andere luftgetrocknete Wurst
1 rote Paprikaschote
1 Knoblauchzehe | ½ Bio-Zitrone
500 g festkochende Kartoffeln
4 EL Olivenöl
1 TL rosenscharfes Paprikapulver
Salz | Pfeffer
Zubereitung: ca. 40 Min.
Ziehen: ca. 1 Std.
Pro Portion: ca. 280 kcal, 8 g EW, 20 g F, 17 g KH

1 Die Wurst längs vierteln und quer in 1 cm dicke Stücke schneiden. Paprikaschote waschen, putzen, entkernen und würfeln. Knoblauch schälen und fein würfeln. Zitrone heiß waschen, abtrocknen und die Hälfte der Schale abreiben, den Saft auspressen. Die Kartoffeln schälen, in 1 cm große Würfel schneiden.

2 Das Öl in einer Pfanne erhitzen und die Wurst bei kleiner Hitze 1 Min. darin braten, Paprika- und Knoblauchwürfel zugeben und 5 Min. mitbraten.

3 Kartoffeln, Paprikapulver und Zitronenschale zugeben, leicht salzen und pfeffern, mit ca. 300 ml Wasser knapp bedecken. Die Kartoffeln bei mittlerer Hitze offen in 15–20 Min. bissfest garen, die Konsistenz sollte leicht suppig sein.

4 In eine Schüssel geben, mit Zitronensaft mischen, salzen und pfeffern. Vor dem Servieren mindestens 1 Std. durchziehen lassen und nochmals mit Salz, Pfeffer und Paprikapulver abschmecken.

Tipp **Je nach Schärfe der Chorizo eventuell nur ½ TL rosenscharfes Paprikapulver verwenden.**

LINKS: KARTOFFEL-FRITATTA | RECHTS: TAPAS-KARTOFFELN

KARTOFFELSÜLZE MIT TAFELSPITZ

Normalerweise gibt's Bratkartoffeln zur Sülze. Hier aber stecken die Knollen mit Rindfleisch im Gelee, das aus der kräftigen Brühe vom Garen des Tafelspitzes entstanden ist. Und sie verstecken sich noch im Salat dazu – siehe rechts.

Kartoffelsülze mit Tafelspitz

Für 4 Personen:
1 Bund Suppengemüse (ca. 200 g)
1 Zwiebel
1 Lorbeerblatt
2 Nelken
600 g Tafelspitz
10 schwarze Pfefferkörner
300 ml trockener Weißwein
600 g festkochende Kartoffeln
Salz
14 Blatt weiße Gelatine
Zubereitung: ca. 2 Std. 30 Min.
Kühlen: ca. 12 Std. über Nacht
Gelieren: ca. 4 Std.
Pro Portion: ca. 360 kcal, 32 g EW, 9 g F, 29 g KH

1 Suppengemüse waschen und putzen bzw. schälen. Zwiebel von der äußeren Schale befreien, quer halbieren und mit der Schnittfläche nach unten in einer Pfanne bei mittlerer Hitze schwärzen. Lorbeerblatt mit den Nelken auf einer Zwiebelhälfte feststecken.

2 Tafelspitz mit Suppengemüse, Zwiebel und Pfeffer in einen Topf geben. Wein und 1 l Wasser zugießen, das Fleisch muss ganz bedeckt sein. Langsam aufkochen lassen und dabei den sich absetzenden Schaum mit einem Schaumlöffel abnehmen. Das Fleisch 1 Std. 30 Min. offen bei kleiner Hitze köcheln lassen, bis es auf Fingerdruck nachgibt. Das Fleisch in der Brühe über Nacht abkühlen lassen.

3 Am nächsten Tag das Fett von der Brühe abnehmen. Den Tafelspitz aus der Brühe nehmen, quer zur Faser in dünne Scheiben schneiden. Die Brühe durch ein mit einem Küchentuch ausgelegtes feines Sieb schöpfen. Kartoffeln schälen und in dünne Scheiben schneiden. In Salzwasser bei mittlerer Hitze zugedeckt in 10 Min. bissfest garen, abgießen und abkühlen lassen. Gelatine in kaltem Wasser einweichen. 800 ml Brühe erhitzen, zuvor 100 ml Brühe für das Dressing beiseitestellen. Die ausgedrückte Gelatine darin auflösen und kräftig salzen. Brühe 5 mm hoch in eine Kastenform (1 l Inhalt) gießen und im Kühlschrank fest werden lassen. Dann Kartoffeln und Fleisch abwechselnd einschichten, jede Lage knapp mit Brühe bedecken. Vorgang wiederholen, bis alle Zutaten verbraucht sind und alles komplett mit Brühe bedeckt ist. Die Sülze über Nacht gelieren lassen.

4 Zum Servieren die Sülze mit einem scharfen schmalen Messer vom Rand der Form lösen und deren Boden kurz in warmes Wasser tauchen. Sülze auf ein Brett stürzen und mit dem Messer in Scheiben schneiden.

Eine gute Sülze wird noch besser, wenn es eine richtig gute Vinaigrette dazu gibt. Und zu kühlem Tafelspitz ist wärmendes Kürbiskernöl das Allerbeste. Weswegen wir hier das eine mit dem anderen verbinden. Und der Feldsalat daneben setzt noch eins drauf – weil er mit Kartoffelsauce angemacht wird. Wer braucht da noch Bratkartoffeln? Ein Stück Bauernbrot reicht vollkommen.

Kürbiskern-Dressing

Für 4 Personen:
4 EL Kürbiskerne
2 Bund Schnittlauch
1 Stück Meerrettich (ca. 2 cm)
6 EL Apfelessig
1 TL Honig
100 ml Tafelspitzbrühe (siehe Rezept links, ersatzweise Rinderfond aus dem Glas)
Salz | schwarzer Pfeffer
6 EL Kürbiskernöl
Zubereitung: ca. 10 Min.
Pro Portion: ca. 230 kcal, 3 g EW, 22 g F, 4 g KH

1 Kürbiskerne in einer Pfanne ohne Fett anrösten, abkühlen lassen und grob hacken. Den Schnittlauch waschen und trocken schütteln, dann in Röllchen schneiden. Den Meerrettich schälen und fein raspeln.

2 Alles mit Essig, Honig, Brühe, Salz und Pfeffer verrühren und das Öl einrühren. Das Dressing kräftig abschmecken und zur Kartoffel-Tafelspitz-Sülze servieren.

Feldsalat mit Kartoffeldressing

Für 4 Personen:
100 g mehlig- oder vorwiegend festkochende Kartoffeln
Salz
2 Schalotten
4 EL Weißweinessig
4 EL Gemüsebrühe
Pfeffer
4 EL Sonnenblumenöl
3 Handvoll Feldsalat (ca. 150 g)
Zubereitung: ca. 45 Min.
Pro Portion: ca. 135 kcal, 1 g EW, 12 g F, 4 g KH

1 Die Kartoffeln waschen, mit ½ TL Salz in einen kleinen Topf geben und mit Wasser bedecken. In ca. 20 Min. bei mitterer Hitze bissfest garen.

2 Inzwischen Schalotten schälen und fein würfeln. Schalotten, Essig und die Brühe mit Pfeffer und Salz verrühren, anschließend das Sonnenblumenöl unterrühren. Feldsalat gründlich waschen, putzen, dabei die Wurzelfäden entfernen, Wurzeln aber dranlassen – sie geben Aroma. Feldsalat trocken schleudern.

3 Gegarte Kartoffeln abgießen, noch heiß pellen und durch die Presse drücken oder fein stampfen. Kartoffeln unter das Dressing rühren. Den Feldsalat mit dem Kartoffeldressing mischen, sofort servieren.

Scharfe Kartoffelbutter

TOLL AUF BROT UND STEAK

Für 6–8 Personen:
200 g vorwiegend festkochende Kartoffeln
Salz
1 Knoblauchzehe
125 g weiche Butter
1 TL grob gemahlener schwarzer Pfeffer
1 TL rosenscharfes Paprikapulver
1 TL scharfer körniger Senf
Worcestersauce
frisch gepresster Zitronensaft
Zubereitung: ca. 45 Min.
Kühlen: ca. 12 Std. über Nacht
Pro Portion (bei 8 Portionen):
ca. 130 kcal, 1 g EW, 13 g F, 3 g KH

1 Die Kartoffeln waschen und in Salzwasser in 20–25 Min. bissfest kochen. Abgießen, heiß pellen und abkühlen lassen. Inzwischen den Knoblauch schälen und fein würfeln. Mit ¼ TL Salz bestreuen und mit der Messerklinge zerreiben oder in einen Mörser geben und zu einer Paste zerreiben.

2 Die Kartoffeln grob reiben und mit der weichen Butter mischen. Knoblauch, Pfeffer, Paprikapulver und Senf zugeben. Die Buttermischung gut verrühren und mit je 1 Spritzer Worcestersauce und Zitronensaft abschmecken. Die Butter am besten zugedeckt über Nacht im Kühlschrank ziehen lassen, dann entfaltet sie ihr ganzes Aroma. Passt gut auf Brot, als Finish für Cremesuppen oder zu Gebratenem.

Erdäpfelkas plus

DARF'S EIN BISSCHEN MEHR SEIN?

Für 6–8 Personen:
300 g vorwiegend festkochende Kartoffeln
Salz | 1 Ei (Größe M)
50 g weiche Butter
3 EL saure Sahne
Pfeffer
100 g gekochter Schinken ohne Fettrand
50 g eingelegte Silberzwiebeln (aus dem Glas)
1 EL gehackte Petersilie
edelsüßes Paprikapulver (nach Belieben)
Zubereitung: ca. 45 Min.
Pro Portion (bei 8 Portionen):
ca. 330 kcal, 5 g EW, 32 g F, 6 g KH

1 Die Kartoffeln waschen und in Salzwasser in 20–25 Min. bissfest garen. Inzwischen das Ei in 10 Min. hart kochen, abschrecken, abkühlen lassen. Die Kartoffeln abgießen, noch heiß pellen und durch die Presse drücken oder fein zerstampfen. Die heiße Kartoffelmasse mit Butter und saurer Sahne mischen, salzen, pfeffern und abkühlen lassen.

2 Das Ei pellen und fein würfeln. Den Schinken fein würfeln. Die Silberzwiebeln hacken. Alles mit der Petersilie unter die Kartoffelmasse mischen und nochmals salzen und pfeffern. Paprikapulver über den Erdäpfelkas stäuben und mit Brot und Butter servieren.

Variante Erdäpfelkas

Dies ist die Plus-Version des Brotaufstrichs aus den Alpen. Für einen traditionellen Erdäpfelkas werden die zerstampften heißen Kartoffeln mit Butter, 5 EL saurer Sahne und 1 fein gewürfelten Zwiebel vermischt und mit Salz und Pfeffer abgeschmeckt.

OBEN: SCHARFE KARTOFFELBUTTER | UNTEN: ERDÄPFELKAS PLUS

Frühkartoffel
Belana

Kartrüffel

KONFEKT MIT KARTOFFELN – UND ES SCHMECKT!

Für 30–40 Stück:
250 g vorwiegend festkochende Kartoffeln
Salz
350 g Vollmilchkuvertüre
100 g Butter
120 g gehackte Mandeln
1 Pck. Vanillezucker
1 TL Lebkuchengewürz
Puderzucker
Zubereitung: ca. 45 Min.
Kühlen: ca. 1 Std.
Pro Stück (bei 40 Stücken):
ca. 90 kcal, 1 g EW, 7 g F, 6 g KH

1 Die Kartoffeln waschen und in kochendem Salzwasser bei mittlerer Hitze zugedeckt in 20–25 Min. bissfest garen.

2 Inzwischen die Kuvertüre fein hacken, mit der Butter in eine Metallschüssel geben, über dem heißen Wasserbad unter Rühren schmelzen. Die Mandeln in einer Pfanne ohne Fett goldgelb anrösten.

3 Die Kartoffeln abgießen, noch heiß pellen und durch die Presse drücken oder sehr fein stampfen. Die Kartoffelmasse lauwarm mit der warmen Kuvertüremasse mischen. Mandeln, Vanillezucker sowie das Lebkuchengewürz unterrühren. Die Masse mindestens 1 Std. im Kühlschrank kühlen lassen.

4 Masse zu einem gut daumendicken Strang formen und mit einem Teelöffel 2 cm große Stücke abnehmen und zu kleinen Trüffelkugeln formen und diese in Puderzucker wälzen. Gut gekühlt in einer luftdichten Dose aufbewahrt, bleiben sie 1 Woche lang frisch und aromatisch.

Tipp **Kuvertüre (wie auch Schokolade) darf nur bei sanfter und nicht zu direkter Hitze schmelzen, sonst gerinnt sie oder brennt an – außerdem verliert sie zu stark erhitzt beim Überziehen schnell an Glanz. Klassisch geschieht das Schmelzen in einem Wasserbad, für das man einen Topf halb voll mit Wasser auf kleiner Stufe erhitzt und eine Metallschüssel mit der in Stücke gebrochenen Kuvertüre hineinsetzt. Dabei reicht es auch, wenn nur der Wasserdampf für Hitze sorgt. Nun mit einem Metalllöffel öfter rühren, bis eine geschmeidige warme Masse entstanden ist. Dabei darauf achten, dass kein Tropfen Wasser hineingelangt, denn dann gerinnt die Kuvertüre sofort.**

10 KILO

Rezeptregister

A

Apfel
- Folienkartoffeln mit Matjes-Schmand 111
- Kartoffelsalat mit Äpfeln 139
- Süßer Kartoffelauflauf mit Kompott 130

Auflauf
- Kartoffelgratin de luxe (Variante) 118
- Kartoffelgratin mit Käse 118
- Kartoffel-Möhren-Gratin 119
- Kartoffel-Pilz-Gratin 119
- Sächsischer Getzen-Auflauf 123
- Schusterpfanne mit Rotwein-Chili-Ragout 127
- Schwedische Heringskartoffeln 124
- Sorbische Kartoffeln 123
- Süßer Kartoffelauflauf mit Kompott 130

Aufstrich
- Erdäpfelkas (Variante) 148
- Erdäpfelkas plus 148
- Scharfe Kartoffelbutter 148

B

Bäckerin-Salat 141
Bauernomelett 73

Beilagen
- Blue Chips 81
- Erdäpfel-Schöberl 23
- Feldsalat mit Kartoffeldressing 147
- Fish 'n' Chips 78
- Gewürzkartoffeln aus dem Ofen 65
- Herzoginkartoffeln 99
- Italienische Brühkartoffeln 38
- Kartoffelgratin de luxe (Variante) 118
- Kartoffelgratin mit Käse 118
- Kartoffelgröstl mit Koriander-Gremolata 62
- Kartoffel-Möhren-Gratin 119
- Kartoffel-Pakora 81
- Kartoffel-Pilz-Gratin 119
- Kartoffel- und Möhren-Wedges 65
- Käsecreme 42
- Kaviarbutter 42
- Klöße halb und halb 57
- Kroketten 99
- Möhrendip 42
- Papas arrugadas 45
- Pommes Duchesse 99
- Pommes frites 81
- Pommes macaire 96
- Potatoe-Pancakes 94
- Safrankartoffeln 38
- Schweizer Rösti 92
- Tapas-Kartoffeln 142
- Thüringer rohe Klöße 57
- Tiroler Bauerngröstl (Variante) 62
- Waldorfpüree mit Karamellnüssen 49

Beulches 56
Blauer Kartoffelsalat 141
Blue Chips 81
Brathähnchen: Lucky-Potatoe-Soup 16

Bratkartoffeln
- Karamellbratkartoffeln mit Früchten 82
- Kartoffel-Frittata 142
- Kartoffelgröstl mit Koriander-Gremolata 62
- Kartoffelpuffer mit Lachstatar 87
- Klassische Bratkartoffeln 72
- Kotelettpfanne 76
- Nusskartoffeln 68
- Pommes macaire 96
- Schweizer Rösti 92
- Steinpilzkartoffeln 68
- Tiroler Bauerngröstl (Variante) 62

Bretonischer Fischeintopf 30
Brühe: Kartoffelsalat mit Brühe 139
Burgenländer Erdäpfelgulasch 33

Butter
- Curry-Kokos-Butter 27
- Gnocchi mit Salbeibutter 52
- Kartoffel-Dal mit Currybutter 51
- Kaviarbutter 42
- Scharfe Kartoffelbutter 148

C/D

Chili: Schusterpfanne mit Rotwein-Chili-Ragout 127

Chips
- Blue Chips 81
- Fish 'n' Chips 78

Chorizo
- Rotweinkartoffeln mit Chorizo 40
- Tapas-Kartoffeln 142

Consommé: Kartoffel-Consommé mit Kaviar 21
Cotriade mit Cidre 30
Crêpe: Kartoffel-Kräuter-Crêpes 94

Croûtons
- Käse-Croûtons 27
- Speck-Croûtons 26

Curry
- Curry-Kokos-Butter 27
- Easy-Potatoe-Curry 18
- Kartoffel-Dal mit Currybutter 51
- Möhren-Curry 93

Dätscher mit pikantem Kompott 88

Desserts
Dätscher mit pikantem Kompott 88
Handgewutzelte Mohnnudeln 106
Karamellbratkartoffeln mit Früchten 82
Marillenknödel (Variante) 58
Süße Streichholzkartoffeln 81
Süßer Kartoffelauflauf mit Kompott 130
Zwetschgenknödel 58
Dip
Grüne Mojo (Variante) 45
Möhrendip 42
Mojo 45
Pellkartoffeln mit drei Dips 42
Zuckerschoten-Puffer mit Dip 88
Dressing
Feldsalat mit Kartoffeldressing 147
Kürbiskern-Dressing 147

E
Easy-Potatoe-Curry 18
Einkauf von Kartoffeln 8
Eintopf
Burgenländer Erdäpfelgulasch 33
Cotriade mit Cidre 30
Easy-Potatoe-Curry 18
Kartoffel-Ragout-fin 33
Klassischer Kartoffeleintopf 13
Sommereintopf 14
Tapas-Kartoffeln 142
Wintereintopf 14
Endivie: Kartoffelstampf mit Endivien 49
Erdäpfelgulasch: Burgenländer Erdäpfelgulasch 33
Erdäpfelkas (Variante) 148
Erdäpfelkas plus 148
Erdäpfel-Schöberl 23

F
Feldsalat mit Kartoffeldressing 147
Fenchel: Legierte Weißweinkartoffeln 40
Festkochende Kartoffeln 8
Fisch
Bretonischer Fischeintopf 30
Cotriade mit Cidre 30
Fish 'n' Chips 78
Folienkartoffeln mit Matjes-Schmand 111
Kartoffel-Consommé mit Kaviar 21
Kartoffelpuffer mit Lachstatar 87
Schwedische Heringskartoffeln 124
Fish 'n' Chips 78
Fleisch
Bäckerin-Salat 141
Geschnetzeltes in Kartoffel-Lauch-Sauce 74
Kartoffelsülze mit Tafelspitz 146
Kotelettpfanne 76
Lucky-Potatoe-Soup 16
Schusterpfanne mit Rotwein-Chili-Ragout 127
Tamago-Omelett 73
Züricher Geschnetzeltes 93
Folienkartoffeln mit Matjes-Schmand 111
Frittata: Kartoffel-Frittata 142
Frittiertes
Blue Chips 81
Fish 'n' Chips 78
Kartoffel-Pakora 81
Kartoffel- und Möhren-Wedges 65
Kroketten 99
Pommes frites 81
Süße Streichholzkartoffeln 81
Früchte
Dätscher mit pikantem Kompott 88
Karamellbratkartoffeln mit Früchten 82
Kartoffelsalat mit Äpfeln 139
Marillenknödel (Variante) 58
Süßer Kartoffelauflauf mit Kompott 130
Zwetschgenknödel 58

G
Garnelen
Kartoffelsalat mit Meeresfrüchten 134
Vietnamesische Kartoffelsuppe 18
Geriebene Kartoffelsuppe 28
Geschnetzeltes
Geschnetzeltes in Kartoffel-Lauch-Sauce 74
Züricher Geschnetzeltes 93
Getzen-Auflauf: Sächsischer Getzen-Auflauf 123
Gewürzkartoffeln aus dem Ofen 65
Gnocchi
Gnocchi mit Salbeibutter 52
Kürbis-Gnocchi mit roten Zwiebeln 52
Gratin
Kartoffelgratin de luxe (Variante) 118
Kartoffelgratin mit Käse 118
Kartoffel-Möhren-Gratin 119
Kartoffel-Pilz-Gratin 119
Gremolata: Kartoffelgröstl mit Koriander-Gremolata 62
Gröstl
Kartoffelgröstl mit Koriander-Gremolata 62
Tiroler Bauerngröstl (Variante) 62
Grüne Bohnen
Kotelettpfanne 76
Ligurische Kartoffel-Nudeln 35
Grüne Mojo (Variante) 45

H
Hackfleisch: Schusterpfanne mit Rotwein-Chili-Ragout 127
Handgewutzelte Mohnnudeln 106
Hering: Schwedische Heringskartoffeln 124
Herzoginkartoffeln 99
Hessische Lauchklöße 56
Huhn: Lucky-Potatoe-Soup 16

I

Indisch
Kartoffel-Dal mit Currybutter 51
Kartoffel-Pakora 81
Möhren-Curry 93
Italienische Brühkartoffeln 38

K

Kalbfleisch: Züricher Geschnetzeltes 93
Karamell
Karamellbratkartoffeln mit Früchten 82
Waldorfpüree mit Karamellnüssen 49
Kartoffel-Brunoise 23
Kartoffel-Consommé mit Kaviar 21
Kartoffelcremesuppe mit Speck-Croûtons 26
Kartoffel-Dal mit Currybutter 51
Kartoffeldressing: Feldsalat mit Kartoffeldressing 147
Kartoffel-Frittata 142
Kartoffel-Galettes 23
Kartoffelgratin de luxe (Variante) 118
Kartoffelgratin mit Käse 118
Kartoffelgröstl mit Koriander-Gremolata 62
Kartoffel-Kräuter-Crêpes 94
Kartoffel-Möhren-Gratin 119
Kartoffeln in der Salzkruste 112
Kartoffel-Ofen-Omelette 114
Kartoffel-Pakora 81
Kartoffel-Pilz-Gratin 119
Kartoffelpizza 128
Kartoffelpuffer mit Lachstatar 87
Kartoffelpüree mit Röstzwiebeln 48
Kartoffel-Ragout-fin 33
Kartoffelsalat
Bäckerin-Salat 141
Blauer Kartoffelsalat 141
Kartoffelsalat mit Äpfeln 139
Kartoffelsalat mit Brühe 139
Kartoffelsalat mit Meeresfrüchten 134
Kartoffelsalat mit Zwiebeln 138
Kartoffelsorten 8
Kartoffel-Spätzle 23
Kartoffelstampf mit Endivien 49
Kartoffelsülze mit Tafelspitz 146
Kartoffelsuppe
Geriebene Kartoffelsuppe 28
Kartoffelschaumsuppe mit Shiitake 28
Vietnamesische Kartoffelsuppe 18
Kartoffel- und Möhren-Wedges 65
Kartrüffel 152
Käse
Käsecreme 42
Käse-Croûtons 27
Kasseler: Hessische Lauchklöße 56
Kaviar
Kartoffel-Consommé mit Kaviar 21
Kaviarbutter 42
Klassische Bratkartoffeln 72
Klassischer Kartoffeleintopf 13
Klöße
Beulches 56
Hessische Lauchklöße 56
Klöße halb und halb 57
Marillenknödel (Variante) 58
Thüringer rohe Klöße 57
Zwetschgenknödel 58
Knödel
Marillenknödel (Variante) 58
Zwetschgenknödel 58
Kompott
Dätscher mit pikantem Kompott 88
Süßer Kartoffelauflauf mit Kompott 130
Konfekt: Kartrüffel 152
Koriander: Kartoffelgröstl mit Koriander-Gremolata 62
Kotelettpfanne 76
Kräuter
Kartoffel-Kräuter-Crêpes 94
Kräuter-Schupfnudeln 104
Kräuter-Stampfkartoffeln 51
Kroketten 99
Kürbis-Gnocchi mit roten Zwiebeln 52
Kürbiskern-Dressing 147

L

Lachs: Kartoffelpuffer mit Lachstatar 87
Lagerung von Kartoffeln 8
Lamm: Kotelettpfanne 76
Lauch
Geschnetzeltes in Kartoffel-Lauch-Sauce 74
Hessische Lauchklöße 56
Legierte Weißweinkartoffeln 40
Ligurische Kartoffel-Nudeln 35
Linsen
Kartoffel-Dal mit Currybutter 51
Schupfnudeln mit roten Linsen 104
Lucky-Potatoe-Soup 16

M

Marillenknödel (Variante) 58
Matjes: Folienkartoffeln mit Matjes-Schmand 111
Meeresfrüchte: Kartoffelsalat mit Meeresfrüchten 134
Mehligkochende Kartoffeln 8
Mohn: Handgewutzelte Mohnnudeln 106
Möhren:
Easy-Potatoe-Curry 18
Kartoffel-Möhren-Gratin 119
Kartoffelpuffer mit Lachstatar 87
Kartoffel- und Möhren-Wedges 65
Möhren-Curry 93
Möhrendip 42

Mojo
Grüne Mojo (Variante) 45
Runzelkartoffeln mit Mojo 45
Muscheln: Kartoffelsalat mit Meeresfrüchten 134

N
Nudeln: Ligurische Kartoffel-Nudeln 35
Nüsse
Kartoffelsalat mit Äpfeln 139
Nusskartoffeln 68
Waldorfpüree mit Karamellnüssen 49

O
Ofengerichte
Folienkartoffeln mit Matjes-Schmand 111
Gewürzkartoffeln aus dem Ofen 65
Kartoffeln in der Salzkruste 112
Kartoffel-Ofen-Omelette 114
Kartoffelpizza 128
Orientalische Ofenkartoffeln 112
Sächsischer Getzen-Auflauf 123
Schusterpfanne mit Rotwein-Chili-Ragout 127
Schwedische Heringskartoffeln 124
Sorbische Kartoffeln 123
Süßer Kartoffelauflauf mit Kompott 130
Überbackene Ricotta-Kartoffeln 114
Westfälische Potthucke 122
Omelett
Bauernomelett 73
Kartoffel-Ofen-Omelette 114
Tamago-Omelett 73
Orientalische Ofenkartoffeln 112

P
Papas arrugadas 45
Paprika
Blauer Kartoffelsalat 141
Burgenländer Erdäpfelgulasch 33
Schusterpfanne mit Rotwein-Chili-Ragout 127
Tapas-Kartoffeln 142
Pellkartoffeln mit drei Dips 42
Pesto: Ligurische Kartoffel-Nudeln 35
Pfannkuchen
Kartoffel-Kräuter-Crêpes 94
Potatoe-Pancakes 94
Pilze
Kartoffel-Pilz-Gratin 119
Kartoffel-Ragout-fin 33
Kartoffelschaumsuppe mit Shiitake 28
Steinpilzkartoffeln 68
Pizza: Kartoffelpizza 128
Pommes Duchesse 99
Pommes frites
Fish 'n' Chips 78
Pommes frites 81
Pommes macaire 96
Potatoe-Pancakes 94
Potthucke: Westfälische Potthucke 122
Pralinen: Kartrüffel 152
Puffer
Kartoffelpuffer mit Lachstatar 87
Schweizer Rösti 92
Zuckerschoten-Puffer mit Dip 88
Püree
Kartoffelpüree mit Röstzwiebeln 48
Kartoffelstampf mit Endivien 49
Kräuter-Stampfkartoffeln 51
Waldorfpüree mit Karamellnüssen 49

R
Radieschen: Sommereintopf 14
Ragout
Kartoffeln mit Ragout-fin 33
Schusterpfanne mit Rotwein-Chili-Ragout 127
Ricotta: Überbackene Ricotta-Kartoffeln 114
Roastbeef: Tamago-Omelett 73
Rohe Klöße: Thüringer rohe Klöße 57
Rösti: Schweizer Rösti 92
Rote Linsen: Schupfnudeln mit roten Linsen 104
Rotwein
Rotweinkartoffeln mit Chorizo 40
Schusterpfanne mit Rotwein-Chili-Ragout 127
Runzelkartoffeln mit Mojo 45

S
Sächsischer Getzen-Auflauf 123
Safrankartoffeln 38
Salat
Blauer Kartoffelsalat 141
Kartoffelsalat mit Äpfeln 139
Kartoffelsalat mit Brühe 139
Kartoffelsalat mit Meeresfrüchten 134
Kartoffelsalat mit Zwiebeln 138
Salbei: Gnocchi mit Salbeibutter 52
Salzkruste: Kartoffeln in der Salzkruste 112
Sauce: Geschnetzeltes in Kartoffel-Lauch-Sauce 74
Sauerkraut: Schupfnudeln mit Sauerkraut 102
Schafskäse
Kartoffelpizza 128
Nusskartoffeln 68
Scharfe Kartoffelbutter 148
Schinken
Bauernomelett 73
Erdäpfelkas plus 148
Schmand: Folienkartoffeln mit Matjes-Schmand 111
Schnittlauch: Vichyssoise mit Schnittlauch 27
Schupfnudeln
Kräuter-Schupfnudeln 104
Schupfnudeln mit roten Linsen 104
Schupfnudeln mit Sauerkraut 102

Schusterpfanne mit Rotwein-Chili-Ragout 127
Schwedische Heringskartoffeln 124
Schweinefleisch
Bäckerin-Salat 141
Geschnetzeltes in Kartoffel-Lauch-Sauce 74
Schweizer Rösti 92
Shiitakepilze: Kartoffelschaumsuppe mit Shiitake 28
Silberzwiebeln: Erdäpfelkas plus 148
Solanin ...7
Sommereintopf 14
Sorbische Kartoffeln 123
Speck-Croûtons: Kartoffelcremesuppe mit Speck-Croûtons 26
Spinat
Italienische Brühkartoffeln 38
Kräuter-Stampfkartoffeln 51
Sprossen: Lucky-Potatoe-Soup 16
Steinpilzkartoffeln 68
Streichholzkartoffeln: Süße Streichholzkartoffeln 81
Sülze: Kartoffelsülze mit Tafelspitz 146
Suppe
Geriebene Kartoffelsuppe 28
Kartoffel-Consommé mit Kaviar 21
Kartoffelcremesuppe mit Speck-Croûtons 26
Kartoffelschaumsuppe mit Shiitake 28
Lucky-Potatoe-Soup 16
Vichyssoise mit Schnittlauch 27
Vietnamesische Kartoffelsuppe 18
Suppeneinlagen
Curry-Kokos-Butter 27
Erdäpfel-Schöberl 23
Kartoffel-Brunoise 23
Kartoffel-Galettes 23
Kartoffel-Spätzle 23
Käse-Croûtons 27
Süße Streichholzkartoffeln 81
Süßer Kartoffelauflauf mit Kompott 130
Süßspeisen
Dätscher mit pikantem Kompott 88
Handgewutzelte Mohnnudeln 106
Karamellbratkartoffeln mit Früchten 82
Kartrüffel 152
Marillenknödel (Variante) 58
Süße Streichholzkartoffeln 81
Süßer Kartoffelauflauf mit Kompott 130
Zwetschgenknödel 58

T

Tafelspitz: Kartoffelsülze mit Tafelspitz 146
Tamago-Omelett 73
Tapas-Kartoffeln 142
Tatar: Kartoffelpuffer mit Lachstatar 87
Thüringer rohe Klöße 57
Tiroler Bauerngröstl (Variante) 62
Tomaten
Blauer Kartoffelsalat 141
Italienische Brühkartoffeln 38
Sommereintopf 14

U

Überbacken
Kartoffel-Frittata 142
Kartoffelgratin de luxe (Variante) 118
Kartoffelgratin mit Käse 118
Kartoffel-Möhren-Gratin 119
Kartoffel-Pilz-Gratin 119
Kartoffelpizza 128
Überbackene Ricotta-Kartoffeln 114

V

Vichyssoise mit Schnittlauch 27
Vietnamesische Kartoffelsuppe 18
Vorwiegend festkochende Kartoffeln 8

W

Waldorfpüree mit Karamellnüssen 49
Wedges: Kartoffel- und Möhren-Wedges 65
Weißwein
Geschnetzeltes in Kartoffel-Lauch-Sauce 74
Legierte Weißweinkartoffeln 40
Westfälische Potthucke 122
Wintereintopf 14
Würste
Burgenländer Erdäpfelgulasch 33
Geriebene Kartoffelsuppe 28
Klassischer Kartoffeleintopf 13
Rotweinkartoffeln mit Chorizo 40
Sächsischer Getzen-Auflauf 123
Tapas-Kartoffeln 142
Westfälische Potthucke 122

Z

Zuckerschoten
Easy-Potatoe-Curry 18
Kartoffel-Frittata 142
Zuckerschoten-Puffer mit Dip 88
Züricher Geschnetzeltes 93
Zwetschgenknödel 58
Zwiebeln
Kartoffelpüree mit Röstzwiebeln 48
Kartoffelsalat mit Zwiebeln 138
Kürbis-Gnocchi mit roten Zwiebeln 52

Impressum

DER AUTOR

Sebastian Dickhaut ist Autor und Gastgeber mit einem Faible fürs Besondere im Grundsätzlichen – und damit für Kartoffeln. Als Koch arbeitete er in exklusiven Restaurants, bevor er zur Tageszeitung wechselte, als Food-Korrespondent nach Australien ging und die Reihe Basic Cooking mit begründete. In seinem Münchner Kochbüro HUKODI gibt er neben dem Schreiben Kochkurse und lädt zum Mittagstisch. Er hat über 50 Kochbücher verfasst, die in 15 Sprachen millionenfach verkauft werden, und die Würzmischung Wunderwürz erfunden. Mehr auf www.sebastian-dickhaut.de

DER FOTOGRAF

Wolfgang Schardt fotografiert vor allem Food, Stills und Interieur für Magazine wie FEINSCHMECKER, für Verlage und Werbung – entweder in seinem Hamburger Studio oder vor Ort in ausgewählten stimmungsvollen Locations. Tatkräftig unterstützt wird er von Janet Hesse, Anke Politt und Margret Hubner (Fotoassistenz). Für das appetitanregende Foodstyling ist Susanne Walter zuständig.

TITELBILDREZEPT

Kartoffelgröstl mit Koriander-Gremolata, Seite 62

Umwelthinweis: Dieses Buch ist auf PEFC-zertifiziertem Papier aus nachhaltiger Waldwirtschaft gedruckt. Um Rohstoffe zu sparen, haben wir auf Folienverpackung verzichtet.

Projektleitung: Tanja Dusy
Lektorat: Dr. Stephanie Kloster
Satz/DTP: Redaktionsbüro Christina Kempe, München
Korrektorat: Mischa Gallé
Umschlaggestaltung und Innenlayout: independent Medien-Design, Horst Moser, München
Herstellung: Markus Plötz
Reproduktion: Repro Ludwig, Zell am See
Druck: Firmengruppe Appl, aprinta druck, Wemding
Bindung: Firmengruppe Appl, m. appl GmbH, Wemding

Syndication:
www.jalag-syndication.de

ISBN 978-3-8338-2205-6
1. Auflage 2011

GRÄFE UND UNZER

Ein Unternehmen der
GANSKE VERLAGSGRUPPE

DAS ORIGINAL · GU · MIT GARANTIE

Unsere Garantie

Alle Informationen in diesem Ratgeber sind sorgfältig und gewissenhaft geprüft. Sollte dennoch einmal ein Fehler enthalten sein, schicken Sie uns das Buch mit dem entsprechenden Hinweis an unseren Leserservice zurück. Wir tauschen Ihnen den GU-Ratgeber gegen einen anderen zum gleichen oder ähnlichen Thema um.

Liebe Leserin und lieber Leser,

wir freuen uns, dass Sie sich für ein GU-Buch entschieden haben. Mit Ihrem Kauf setzen Sie auf die Qualität, Kompetenz und Aktualität unserer Ratgeber. Dafür sagen wir Danke! Wir wollen als führender Ratgeberverlag noch besser werden. Daher ist uns Ihre Meinung wichtig. Bitte senden Sie uns Ihre Anregungen, Ihre Kritik oder Ihr Lob zu unseren Büchern. Haben Sie Fragen oder benötigen Sie weiteren Rat zum Thema? Wir freuen uns auf Ihre Nachricht!

Wir sind für Sie da!

Montag – Donnerstag:
8.00 – 18.00 Uhr;
Freitag: 8.00 – 16.00 Uhr
Tel.: 0180 - 5 00 50 54* *(0,14 €/Min. aus dem dt. Festnetz/ Mobilfunkpreise maximal 0,42 €/Min.)
Fax: 0180 - 5 01 20 54*
E-Mail:
leserservice@graefe-und-unzer.de

P.S.: Wollen Sie noch mehr Aktuelles von GU wissen, dann abonnieren Sie doch unseren kostenlosen GU-Online-Newsletter und/oder unsere kostenlosen Kundenmagazine.

GRÄFE UND UNZER VERLAG
Leserservice
Postfach 86 03 13
81630 München